고교생을 위한
금융권 취업 Soft

고교생을 위한
금융권 취업 소프트

초판 1쇄 펴낸날_2013년 05월 23일
지은이_하세용

펴낸이_이종근
펴낸곳_도서출판 하늘아래
등록번호_제300-2006-23호
주소_서울특별시 도봉구 쌍문2동 598번지 2층
전화_02 374 3531
팩스_02 374 3532
E-mail : haneulbook@naver.com

ISBN 978-89-89897-79-8 13320

고교생을 위한
금융권 취업 Soft

하세용 지음

경제원리, 금융지식, 경제·금융 용어정리
자기소개서 작성법, 면접 대응법 총정리

머리말

필자는 2012년 7월 한 통의 전화를 받았다. 대전교육청에서 대전지역 특성화고교생 가운데 성적이 우수한 학생들 대상으로 은행 등 금융권 취업을 위한 준비학습 강의를 해달라는 부탁이었다.

이를 기회로 필자는 30여 명의 특성화고교생들을 처음 만나 그들과 1개월 정도 공부를 같이 하게 되었으며, 이후 2013년 3월 서울소재 특성화고교인 서울금융고의 초청으로 역시 1개월 정도 학생들과 금융권 취업 준비 학습을 하게 되었다.

은행 등 금융권에서 고교생들을 찾는 모양이다. 아주 좋은 현상이다. 그러나 일선 학교에서는 아직 준비가 덜 된 상태여서 이같은 갑작스런 바람에 당혹스런 모습이다. 이에 필자는 대전지역 특성화고교생과 서울금융고 학생들을 대상으로 했던 강의 자료를 다시 연구하고 검토해서 책으로 출간하게 되었다.

학생들을 지도하면서 느낀 점은 그들에게 기초학습이 부족하다는 점이었다. 개인의 역량은 지식(knowledge), 기술(skill), 태도(attitude)의 합성으로 나타난다. 그러나 기초지식(knowledge)이 충분하지 않으면 기술(skill, 배운 지식 활용 능력)은 잘 드러나지 않는다.

필자는 이같은 문제점을 고찰하면서 자기소개서 작성법과 면접 대응전략 등에 충분히 활용가능한 기초지식에 초점을 맞춰 본서를 집필하게 되었다.

2013년 5월
하세용

필자는 현재 해커스(fn.pass.com)와 프리뱅커(www.prebanker.co.kr)에서
금융권 취업대비 경제 · 금융 · 시사 논술을 강의하고 있다.

목 차

PART 4 자기소개서 작성법

PART 5 면접 대응법

PART 1
경제원리

1. 경제문제, 경제활동의 주체와 객체

▌경제문제

재화와 서비스를 생산 · 분배 · 소비(교환)하는 데 따른 제반 문제

- **경제문제 발생의 근본 원인** : 인간의 욕망은 무한한 데 비해서 자원은 그러지 못하므로, 이를 충족시키지 못하는 데서 출발한다.
  → 자원의 희소성
- **자원** : 자연자원, 사회자원, 인적자원 등 경제활동을 하는 데 필요한 가치가 있는 모든 것(토지, 노동력, 정보, 시간, 돈 등).

▌경제문제 해결 시스템(경제 체제)

- **자급자족** : 로빈슨 크루소, (고려 말)두문동.
- **시장경제** : 자유경쟁의 원칙에 의해 시장에서 가격이 형성되고 자원배분이 이뤄지는 경제. 교환과 경쟁을 통해 자원배분의 효율성을 높일 수 있고 높은 경제 성장을 기대할 수 있지만, 소득분배의 차이를 해결하는 데 미흡하며, 경기침체와 실업문제 등의 경제성장의 불안정성이란 문제점을 발생시키고 있다.
- **계획경제** : 생산수단이 공적으로 소유되고, 생산목표량이 결정되면 생산기업에 원료를 할당하는 중앙기관에 의해 통제되는 경제체제. 경제성장의 원천이 되는 기술진보와 생산성 향상 문제를 해결해주지 못했다.
- **혼합경제** : 계획경제와 시장경제 체계가 합쳐진 개념으로, 자본주의 경제 체제하에서 완전고용의 달성과 불황의 극복 등을 도모하기 위해 정부가 경제활동 분야에 개입하는 경제조직.
- **사회주의 시장경제** : 정치체제는 사회주의의 골간을 유지하면서 국가 경제 운용에 있어서는 자본주의 기법을 과감히 도입한 새로운 경제체제를 말한다. 사회주의 계획경제의 폐해로 지적되어 온 비생산성과 비능률성을 퇴치하기 위한 시도로 평가되는 중국 등소평의 남순강화(南巡講話) 이후 본격화됐다.

▌시장경제의 특징

시장경제는 사적재산권 보호와 자유 경쟁에 의해 자원이 효율적으로 배분되는 체제.

- 장점 : 최소한 자원배분의 효율성 보장.
- 단점 : 소득분배의 불공평과 경제성장의 불안정(경기 불황), 공공재 공급의 불충분 등.

▌계획경제의 실패 원인

- 기술개발 등 경제적 유인 부재.
- 소비자의 기호나 선호와 불호를 고려하지 않은 생산(자원배분의 비효율성 초래).

계획경제 vs 시장경제

구분	계획경제 체제	시장경제 체제
생산수단 소유 주체	국가	개인
경제활동 조정수단	명령, 계획	시장(가격기구)
의사결정 주체	국가(정부)	개별 경제주체
경제활동 동기	공동의 목표	개인의 이익

▌경제활동

재화와 용역의 생산, 소비, 분배를 위한 인간의 활동을 말한다.

- 생산 : 쌀농사
- 소비 : 쌀로 밥을 지어 먹거나 시장에 내다 팔아 옷가지 등 필요한 것과 교환.
- 분배 : 쌀농사에 투입된 인부에게 임금을 지급하고 농장 소유주(지주)에게 소작료(지대) 지급.

▌경제활동의 주체

자기의 의지와 판단으로 경제활동을 하는 주체로서 가계, 기업, 정부, 해외 등을 들 수 있다.

● 가계 : 소비와 저축의 주체로서 노동이라는 생산요소 공급.

● 기업 : 생산의 주체로서 재화와 서비스 공급.

● 정부 : 시장질서 규율과 사회적 후생 극대화, 사회간접자본 등 공공재 공급

● 해외 : 수출입시장 형성.

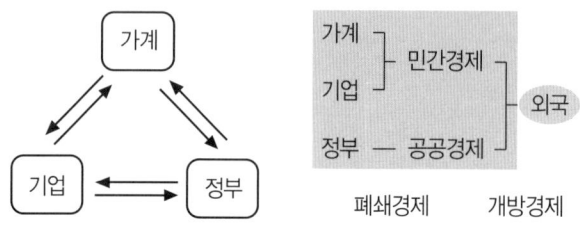

▌경제활동의 객체(경제활동 대상)

재화(goods, 사용 또는 소비 등을 통해 소비자들의 효용을 증가시킬 수 있는 형태를 가진 모든 것)와 용역(또는 service, 교육·의료·운송 등) 및 생산요소 등.

재화	자유재		햇빛, 물, 공기 등
	경제재	생산재	원료, 재료 등
		소비재	식품, 의류, 전화기 등
용역(서비스)			교육, 의료, 운송 등

▌자유재

Free goods. 무한히 존재하여 대가를 받을 수 없는 재화.

▌경제재

Economic goods. 자유재의 반대개념. 경제활동의 주된 대상으로, 희소성이 있으며 돈이나 노력을 제공해야 얻을 수 있는 유형의 재화.

● 독립재 : Independent goods. 소비자 측면에서 서로 관련이 없이 독자적인 목적으로 사용되는 재화. 설탕과 소금과 같이 효용의 크기에 전혀 변화를 주지 못하는 재화. 즉, 서로에게 특별히 영향을 주지 못하는 재화.

●대체재 : Substitute goods. 어느 한 재화가 다른 재화와 비슷한 유용성을 가지고 있어 한 재화의 수요가 늘면 다른 재화의 수요가 줄어드는 경우. 쌀과 보리, 만년필과 연필, 버터와 마가린 등이 이에 해당한다.

관계	특징
쌀 – 보리	없으면 해결이 곤란한 경우
버터 – 마가린	없어도 되는 경우

●보완재 : Complement goods. 상호 보완의 관계에 있는 재화. 커피와 설탕, 잉크와 펜, 버터와 빵과 같이 어느 한쪽의 수요가 증가하면 다른 한쪽의 수요도 같이 증가하는 재화를 말한다.

관계	특징
공교육 – 사교육, 빵 – 버터	없어도 되지만 있으면 더 좋은 경우
잉크 – 펜, 자동차 – 타이어	없으면 가동이 안 되는 경우

2. 경제적 유인, 기회비용과 합리적 선택

▌경제적 유인

Incentive(자극). 의사결정에 영향을 미치는 그 무엇. 사람들은 이 같은 경제적 유인에 따라 무엇인가를 선택하고 결정하게 된다.

▌비용

Cost. 지불 금액

▌편익

Benefit. 지불 비용에 따라 얻게 되는 그 무엇(가치 또는 혜택).

▌기회비용

Opportunity cost. 어느 하나를 선택했을 때, 그 때문에 포기해야 하는 것의 가치. 무엇하나를 선택하기 위해서는 다른 하나를 포기해야 하는데, 이렇게 포기하는 것 중에서 아쉬움이 가장 큰 것을 일컫는다.

> **인어공주의 기회비용과 편익** : 아름다운 목소리로 노래하며 행복하게 살던 인어공주는 인간 세상의 왕자님을 보고 사랑에 빠지게 된다. 인간이 되어 왕자님을 만나고 싶어 하던 인어공주는 마녀를 찾아간다. 그리고 인어 공주는 마녀에게 목소리를 주는 대신, 인간의 다리를 얻게 된다.
> ●기회비용(잃는 것) : 목소리
> ●편익(얻는 것) : 다리

▌매몰비용

Sunken cost. 이미 지출되었기 때문에 회수할 수 없는 비용.

▐ 합리적 선택의 판단 기준

- 편익(얻는 것)이 비용(잃는 것)보다 큰 것.
- 같은 크기의 편익이라면 비용이 적게 드는 것.
- 같은 크기의 비용이라면 편익이 더 큰 것(같은 값이면 다홍치마).
- 선택의 대안이 여러 개 있는 경우 기회비용이 가장 적은 것.
- 매몰비용은 고려하지 말 것.

학습 내용 정리

1. 만일 여러분이 마법의 모자를 오직 한 번만 사용할 기회가 주어진다면 어떤 목적으로 사용하겠습니까? 그 이유도 함께 생각해보자.
   ⇒ (예) 돈! 원하는 것을 가질 수 있게 해준다.

2. 가지고 있는 소지품 중에서 경제재 5가지만 골라 보자.
   ⇒ 경제재 : 돈으로 거래할 수 있는 재화

3. 선택이 필요 없는 경우를 예로 들어보자.
   ⇒ 부모님, 친구

4. 공부하기와 놀기는 상충한다고 할 수 있나?
   ⇒ 相衝(trade-off)하다 : 서로 충돌하다. 서로 도저히 양보가 안 되는 관계. 따라서 놀기와 공부는 동시에 할 수 없다(두 마리 토끼를 동시에 잡기는 어렵다).

5. 왜 사람들은 선택을 할 수밖에 없을까?
   ⇒ 자원의 유한성

6. 피자를 열 번 사면 한 판을 공짜로 준다는 광고는 진짜 공짜일까?
   ⇒ 공짜가 아니라 10% 할인해주는 것이다.

7. 물건을 살 때 용도가 같다면 가장 싼 것을 고른다. 이를 편익과 비용 측면에서 설명해보자.
   ⇒ 나에게 같은 편익(또는 만족)을 주는 것이라면 비용이 적게 드는 것(값이 싼 것)이 더 좋은 것이다.

8. 철수는 삼촌으로부터 크리스마스 선물을 약속받았다. 평소 갖고 싶어 했던 30,000

원짜리 필통과 40,000원짜리 곰 인형, 25,000원짜리 고급 아이스크림 중에서 하나를 골라야 한다. 만약 필통을 선택했다면 철수가 치른 기회비용은 얼마인가?

① 25,000원 ② 30,000원 ③ 40,000원 ④ 65,000원

기회비용 : 포기하는 것 중에서 아쉬움이 가장 큰 것(곰 인형 〉 아이스크림) ③

논술 연습

다음에 대해 간단하게 서술하시오.

1. 선택의 문제를 해결하기 위한 방안
2. 기회비용 개념으로 재미있는 이야기를 만들어보시오.

해설 및 답안

1. 선택의 문제를 해결하기 위한 방안
   ① 선택의 문제 : 모든 활동은 선택의 연속이다. 따라서 무엇인가를 선택하는 경우 얻는 것이 있으면 잃는 것도 있다.
   ② 합리적 선택(또는 경제적 결정)이란? : 얻는 것(편익)과 잃는 것(기회비용) 가운데 얻는 것이 잃는 것보다 큰 경우를 선택하는 것이 합리적 선택이다.

Incentive	경제적 유인. 의사결정에 영향을 미치는 그 무엇
⇓ ⇐	비용
선택과 결정	비용과 편익분석
⇧	뭔가 남는 게 있어야 한다(surplus)
	편익 〉 비용
합리적 선택?	합리적 선택 여부 분석 : 기회비용

17

2. 기회비용 개념으로 재미있는 이야기를 만들어보시오.

결혼의 기회비용과 아내의 잔소리 : 좋은 직장에 다니다가 결혼하면서 회사를 그만둔 아내가 만날 술이나 마시고 다니는 남편에게 퍼붓는 잔소리.

"연봉 5,000만 원이 넘는 그 좋은 직장 그만두라고 해서 그만뒀는데, 만날 술만 마시고 다니고……. 이게 뭐냐고요, 네????"

금융감독원 '금융이해력 측정문제' 풀이

1. 기회비용의 개념

다음은 민규가 돈이 있으면 하고 싶은 것들로, 각각 2만 원이 드는 일들입니다. 만일 2만 원을 모아서 친구들과 놀이공원을 가기로 했다면 민규가 포기해야 하는 것은 다음 중 어느 것입니까?

ⓐ 놀이공원 가기
ⓑ 부모님의 결혼기념일 선물
ⓒ 저축
ⓓ 읽고 싶은 책 구매

① 놀이 공원에서의 즐거움
② 부모님의 결혼기념일에 선물하지 못한 부담감
③ 저축을 했을 때 생기는 이자
④ 읽고 싶은 책을 빌리는 돈

※ 포기해야 하는 것 : 기회비용. 2만 원으로 친구들과 놀이공원에 가는 경우 2만 원에서 생기는 이자수입(얻는 것)을 포기해야 한다. ②번 '부모님의 결혼기념일에 선물하지 못한 부담감'도 답으로 생각할 수 있으나 문제는 포기해야 하는 것을 묻고 있기 때문에 ③번이 정답이다. 즉, ②번 지문을 '부모님의 결혼기념일 선물'로 했다면 정답은 두 개(②번과 ③번)가 될 수도 있다.

2. 합리적 선택

다음의 상황 중에서 먼저 돈을 빌려서 쓰고 나중에 갚는 것이 경제적으로 이득이
되는 경우는 어느 것입니까?

① 월급을 더 많이 받는 직업을 얻기 위해 차를 사야 할 때
② 사고 싶은 옷을 할인 판매하는 중일 때
③ 대출이자가 예금이자보다 더 클 때
④ 휴가를 꼭 가고 싶을 때

● 편익(얻는 것) : 월급이 더 많은 직업
● 비용(잃는 것) : 이자(돈을 빌리는 대가)
● 경제적 이득 : 합리적 선택 = 얻는 것 〉잃는 것
① 신차를 마련해 더 많은 월급을 받는 직업을 얻을 수 있다면 이는 투자 개념이다.
② 낭비(돈을 빌려서까지?)
③ 손해(대출이자 〉예금이자)
④ 낭비(돈을 빌려서까지?)

3. 기회비용과 합리적 선택

다음은 민규가 사려고 하는 상품목록과 사려고 하는 이유입니다. 그런데 돈이 5
만 원 밖에 없어서 모두 살 수가 없어 몇 가지만 골라서 사야 합니다. 가장 적절
한 선택은 무엇입니까?

1. 여름 슬리퍼 – 지금 가진 것보다 예뻐서 – 20,000원
2. 액세서리 – 엄마의 생신선물 – 25,000원
3. 참고서 – 시험 대비를 위해서 필요하니까 – 10,000원
4. 책가방 – 교복 색깔과 어울리지 않아서 – 15,000원
5. 휴대폰 장식 – 친구들이 모두 있으니까 – 5,000원
6. 헤드셋 – 노래를 듣기 위해서 – 20,000원
7. 포스터물감 – 미술 시간 준비물인데 가진 물감을 다 써버려서 –15,000원

① 2, 3, 6   ② 2, 3, 7   ③ 2, 6, 7   ④ 1, 4, 6

※기회비용 개념과 합리적 선택에 대한 문제다.

1의 기회비용 : 25,000 2의 기회비용 : 20,000 3의 기회비용 : 25,000

4의 기회비용 : 25,000 5의 기회비용 : 25,000 6의 기회비용 : 25,000

7의 기회비용 : 25,000

※ 합리적 선택 : 기회비용 값이 가장 적은 것. 따라서 엄마의 생신 선물은 무조건 선택해야 한다. 나머지는 5만 원에서 엄마의 생신선물 값 25,000원을 뺀 25,000원 중에서 꼭 필요하면서 값이 맞는 것(3, 7)을 택하면 된다.

정답 : 1. ③ 2. ① 3. ②

3. 소득과 소득의 발생 형태

소득

개인 또는 기업이 노동, 토지, 자본 등을 시장에 제공하여 얻는 대가.

- 항상소득 : 항상 고정적으로 생기는 소득(월급 등).
- 임시소득 : 또는 변동소득. 항상소득과 관계없이 일시적으로 생기는 임시소득(로또 당첨 등).

소득 발생 형태

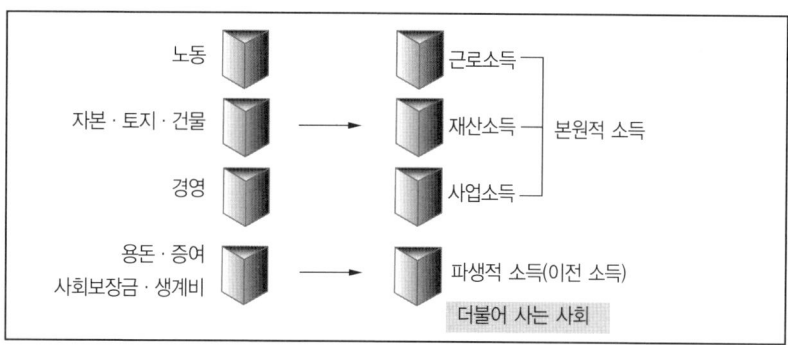

소득의 구분

소득은 크게 경상소득과 비경상소득으로 구분한다. 그리고 경상소득은 다시 근로소득, 재산소득, 사업소득, 이전소득으로 구분하고 있다.

경상소득	근로소득	노동력 제공으로 얻는 소득
	재산소득	토지 등 재산을 빌려주고 얻는 소득(예금이자, 주식의 배당금, 집세 등)
	사업소득	농사나 부업, 사업경영 대가로 얻는 소득(개업 변호사나 개업의 등의 소득)
	이전소득	사회보장 등 무상으로 얻는 소득(더불어 사는 사회)
비경상소득	일시적으로 발생하는 소득	

▌소득과 직업

직업에 귀천은 없다. 그러나 소득의 크기 차이는 존재한다. 이는 노동의 생산성에 의해서 발생한다.

● Decent job : 보다 나은 일자리. 소득의 크기와 관계를 가지고 있다.

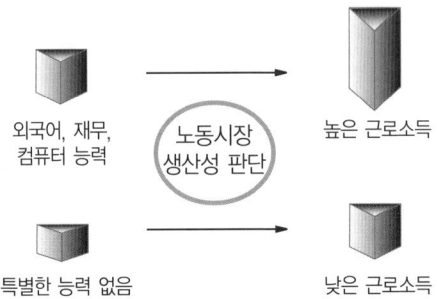

외국어, 재무, 컴퓨터 능력

노동시장 생산성 판단

높은 근로소득

특별한 능력 없음

낮은 근로소득

▌인적 자본과 소득의 관계

인적 자본은 특정한 일에 대한 양과 질을 개선 또는 향상하게 만드는 지식과 기술, 경험 등을 일컫는다(인적 자본은 친구 관계 등의 관계를 뜻하는 것이 아니다).

● 인적 자본에 대한 투자 : 성실한 학교생활, 다양한 과외활동, 각종 훈련 참가, 각종 경험이나 기술 습득, 어학 학습 등 부단한 자기계발 노력은 소득의 크기를 다르게 한다.

▌이스털린의 역설

높아진 소득이 꼭 행복으로 연결되지 않는다는 주장.

▌국민총행복지수

GNH, Gross National Happiness. GNH는 문화적 전통과 환경 보호, 부의 공평한 분배를 통해 국민의 삶의 질을 높이겠다는 부탄의 국정 운영철학. 부탄 국민은 물질의 풍요보다 정신의 풍요를 최우선으로 꼽고 있다.

학습 내용 정리

1. 다음 설명이 맞으면 O, 틀리면 X로 표시하라.
   ① 소득에는 복권 당첨금도 포함될 수 있다.
   ② 경상소득에는 근로소득, 사업소득, 재산소득, 이전소득 등이 있다.
   ③ 국민 기초생활보장 수급자가 정부로부터 받는 보조금은 재산소득에 해당한다.
   ④ 직업선택의 우선순위는 연봉, 적성, 안정성의 순이다.

2. 다음 (   )에 들어갈 적절한 표현은?
   (   )은/는 소비지출의 원천이 되며, (   )의 크기에 영향을 미치는 주요 요인으로는 직종, 학력, 전문기술, 개인의 건강, 투자 자본의 크기 등을 들 수 있다. 예를 들어, 산업구조가 변하면서 부가가치가 높은 새로운 직업이 등장할 경우, 그 직업에 종사하는 사람의 소득은 높게 나타나게 되는데 전문적인 지식과 기술을 갖춘 사람이 그렇지 못한 사람보다 소득이 높은 것은 충분히 받아들일 만한 일이다.

   해설 및 정답
   1. (1) O (2) O (3) X(정부 보조금은 이전소득이다) (4) X(적성이 최우선 순위여야 한다)
   2. 소득

논술 연습

소득의 크기에 영향을 주는 요인에 대하여 논하라.

해설 및 답안

※특히 인적자본 개발과 관련하여 글을 구성한다.

① 소득 : 개인 또는 기업이 노동, 토지, 자본 등을 시장에 제공하여 얻는 대가.
② 소득의 크기에 영향을 주는 요인 : 직종, 전문지식이나 기술, 개인의 건강 등.
③ 인적자본 개발 노력의 필요성 : 직업에는 귀천이 없지만 소득의 크기는 분명히 존재한다. 특히 산업구조가 변하면서 부가가치가 높은 새로운 직업이 등장할 경우, 그 직업에 종사하는 사람의 소득은 높게 나타나게 되는데 전문적인 지식과 기술을 갖춘 사람이 그렇지 못한 사람보다 소득이 높은 것은 사실이다. 따라서 산업구조의 변화에 적합한 각종 교육 참가, 각종 경험이나 기술 습득, 외국어학 학습 등 부단한 자기계발 노력은 소득의 크기를 다르게 한다.

금융감독원 '금융이해력 측정문제' 풀이

1. 소득의 종류
다음은 소득의 원천과 그것으로부터 파생되는 소득을 짝지은 것입니다. 잘못 짝지어진 것은 어느 것입니까?
① 민수의 건강한 육체 – 근로소득
② 민규의 높은 신용도 – 배당소득
③ 선우의 샌드위치 가게 – 사업소득
④ 정부의 생계비 보조 – 이전소득

※ 해설 : 배당소득은 투자에 따른 이익 배분을 받는 소득을 말한다.

2. 소득 발생 형태

　다음 중 20~35세 연령대 사람들의 주요 소득원은 무엇일까요?

　① 사업소득

　② 임대소득

　③ 급여나 임금

　④ 배당금이나 이자소득

　※해설 : 20~35세 연령대는 주로 회사에 근무하는 직장인이다.

3. 소득에 영향을 주는 요인

　민수와 진규는 입사 동기로 월 급여도 같습니다. 민수는 여유시간에 전산 지식을 배우는 등 업무와 관련된 능력을 향상하는 데 활용하는 반면, 진규는 여유시간에 친구를 만나거나 운동을 하면서 지냅니다. 민수와 진규의 앞날에 대하여 가장 적절한 예측은 무엇입니까?

　① 민수는 업무능력이 향상되어 현재 직장에서 더 많은 돈을 받게 될 것이다.

　② 진규는 민수보다 사교적이기 때문에 현재 직장에서 더 많은 돈을 받게 될 것이다.

　③ 둘 다 계속 같은 돈을 받을 것이다.

　④ 민수는 전직을 할 가능성이 크기 때문에 현 직장에서 진규가 더 많은 돈을 받게 될 것이다.

　※해설 : 민수의 모습을 통해 인적자본 개발의 중요성을 강조하고 있다. 진규의 사교성은 인적자본이란 개념과 거리가 멀다.

4. 소득에 영향을 주는 요인

　다음 중 근로소득에 가장 직접 영향을 미치는 요인은 무엇입니까?

　① 자격증

　② 직업

　③ 교육수준

④ 재산

5. 소득에 영향을 주는 요인

이은혜 씨의 월급이 중학교 동창생인 김동원 씨에 비해 더 많다고 할 때, 다음 중
예측이 가능하지 않은 것은 무엇입니까?

① 은혜 씨의 교육수준이 더 높구나.

② 동원 씨에 비해 은혜 씨 직업이 더 전문적인가 보지?

③ 은혜 씨는 무슨 자격증이 있나?

④ 동원 씨의 학교 성적이 은혜 씨보다 나빴나 보지?

정답 : 1. ② 2. ③ 3. ① 4. ② 5. ④

4. 세금(정부 조세)

▌세금

국가를 유지하고 국민 생활의 발전을 위해 국민의 소득 일부분을 국가에 납부하는 돈. 정부가 경제 주체의 경제활동으로부터 거둬들인다.

- ●소득 있는 곳에 세금 있다 : 소득세
- ●소비에 세금 있다 : 부가가치세, 특별소비세, 관세
- ●재산 이전에 세금 있다 : 증여세(사망 전), 상속세(사망 후)

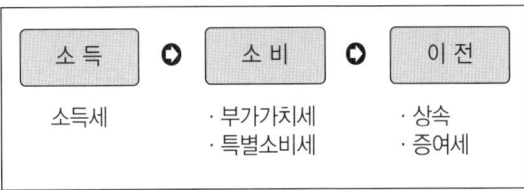

▌국세 vs 지방세

- ●국세 : 나라 살림을 위한 세금. 직장인과 사업자에게서 거두는 소득세와 상품에 부과하는 부가가치세 등이 대표적이다.
- ●지방세 : 지방자치단체의 살림을 위한 세금. 재산세, 자동차세, 담배소비세 등이 지방세에 해당한다.

국세 나라의 살림을 위한 세금	소득세	직장 월급, 장사(사업)하는 사람의 소득에 대한 세금
	부가가치세	물건값에 포함하여 내는 세금 특별소비세, 주세, 관세 등
지방세 지방자치단체의 살림을 위한 세금	재산제, 자동차세, 담배 소비세 등	

▍직접세 vs 간접세

- 직접세 : 국가가 납세 의무자에게 직접 징수하는 조세. 소득세 · 법인세 · 상속세 · 부당이득세 · 재산세 따위가 있으며, 납세 의무자는 그 의무를 다른 사람에게 전가할 수 없다.
- 간접세 : 세금을 낼 의무가 있는 납세자와 세금을 최종적으로 부담하는 조세 부담자가 다른 조세. 부가 가치세 · 주세 · 관세 따위의 소비세와 인지세 · 등록세 · 통행세 따위의 유통세가 있다.

▍비례세 vs 누진세

- 비례세 : 세율이 변하지 않는 세금(부가가치세)
- 누진세 : 과표 증가로 상승하는 세금(소득세, 법인세). 소득이 높으면 세금도 많아진다.

▍소비세

재화의 소비 또는 화폐의 지출로써 담세력을 추량하여 매기는 조세.

- 부가가치세 : VAT, Value-Added Tax. 기업이 재화의 생산 · 유통 과정에서 상품에 부가하는 가치에 대해 정부가 부과하는 조세. 간접세의 일종으로 과세부담을 소비자에게 전가(떠넘김)함으로써 조세부담의 형평성 문제를 불러일으킨다.
- 개별소비세 : 특정한 재화와 용역에 특정 세율을 선별적으로 부과하는 조세를 말한다. 우리나라의 개별소비세로는 특별소비세 · 주세 · 관세 등을 들 수 있다. 수요의 가격탄력성이 큰 재화(명품 가방 등 사치재)에 적용한다.

▍조세부과의 효과

공급가격의 상승을 의미한다. 즉, 가격은 상승하고 거래량은 감소한다(조세부과에 따른 가격 상승은 수요와 공급이라는 시장경제의 원리에 따른 가격 상승이 아니라 생산비용의 상승을 의미한다).

1. 세금에 대한 이해

세금에 대한 설명으로 올바르지 않은 것은 어느 것일까요?

① 원칙적으로 사람들이 버는 모든 소득에는 세금이 부과된다.

② 물건을 살 때 물건값에는 부가가치세나 특별소비세가 부과된다.

③ 소득수준에 따라 부과되는 세금의 비율이 다르다.

④ 소득이 적은 사람은 세금을 내지 않는다.

※ 해설 : 소득이 있는 곳에 세금이 있다. 비과세와 면세는 다르다. 비과세는 애초에 세금부과 대상이 아닌 것으로 농수산물이 대표적이다. 면세는 세금부과 대상에게 세금을 감면해주는 경우(배추판매상)다. 그러나 배추를 가공해 파는 경우는 세금을 부과한다.

2. 부가가치세에 대한 이해

부가가치세에 대해 올바르게 설명한 것은?

① 정부가 월급에서 미리 차감하는 세금이다.

② 우리나라의 부가가치세율은 6%이다.

③ 소득이 매우 적은 사람은 부가가치세를 내지 않아도 된다.

④ 우리가 사는 물건가격을 세액만큼 더 비싸게 한다.

※ 해설 : 부가가치세는 간접세의 하나로서 물품에 부과하는 세금이기 때문에 소득과는 관련이 없다.

3. 세금부과의 의미

지난 몇 년 동안 길동 씨가 살고 있는 지역의 영업과 관련된 세금이 다른 지역보다 많이 올랐다면 길동 씨나 길동 씨가 다니는 회사에는 어떤 영향을 미치게 될까?

① 길동 씨의 월급이 많이 올라 높은 세금을 상쇄시킬 것이다.

② 세금 인상은 길동 씨의 회사에는 아무런 영향을 미치지 않을 것이다.

③ 높은 세금 때문에 회사들이 그 지역으로 옮겨오면서 길동 씨의 월급이 오를 것이다.

④ 세금이 늘어남에 따라 회사의 비용이 증가하면서 길동 씨의 월급이 깎이거나 실직 위험에 처할 수도 있을 것이다.

※ 해설 : 세금을 부과는 공급가격의 상승을 의미한다. 그리고 회사의 영업결과에 대한 세율(법인세) 인상은 회사의 부담을 가중시킨다.

4. 세금부과에 대한 이해

철수 씨는 대학재학 중 열심히 아르바이트하여 매년 1,000만 원을 벌었는데 졸업 후 연봉 2,000만 원을 받는 직장에 취직했습니다. 새 직장에서 철수 씨가 내야 하는 소득세는 대학 재학 시와 비교할 때 어떨까요?

① 더 적게 낼 것이다.

② 같을 것이다.

③ 조금 더 많이 낼 것이다.

④ 최소한 2배 이상 더 낼 것이다.

※ 해설 : 시급 아르바이트는 최저임금제에 해당하므로 면세(세율 = 0) 대상이다. 그러나 정규직원이 되면 면세구간 이상의 소득분에 대해서는 과세한다. 따라서 최소한 2배 이상으로 늘어난다.

정답 : 1. ④ 2. ③ 3. ④ 4. ④

▌총소득

총소득은 소비와 저축의 합으로 표시된다.

▌가처분소득

총소득 − 비소비 지출. 임의로 소비지출이나 저축을 할 수 있는 부분.

▌소비지출

가처분소득 − 저축. 어떤 목적을 위하여 돈을 지급하는 일. 지출항목 가운데 가장 큰 비중을 차지한다.

● 비소비 지출 : 세금, 4대 보험료 등 소득에서 미리 빼는 지출.

▌소비 vs 지출

● 소비 : 돈이나 물자, 시간, 노력 따위를 들이거나 써서 없앰. 소비의 결과는 돈의 지출로 나타난다.

● 지출 : 어떤 목적을 위하여 돈을 지급하는 일. 따라서 지출은 소비 외의 다른 목적으로도 나타난다.

▌저축

가처분소득 − 소비지출. 미래에 필요한 돈 준비.

▌Engel 계수

가계 소비지출에서 식료품비가 차지하는 비율을 말한다. 소득이 낮을수록 식료품비 지출의 비율이 높은 것이 '엥겔의 법칙' 이다.

▌Angel 계수

에인절계수(angel coefficient)는 소비지출 중 영ㆍ유아 관련 자녀 교육에 들

31

어가는 비용을 나타내는 지수다. 엥겔계수와는 정반대로 나타난다.

▌엥겔계수 vs 에인절계수

- 소득이 낮을수록 전체 소득에서 음식물비가 차지하는 비중이 높고, 아이들 교육비 차지 비율은 낮게 나타난다.
- 소득이 높을수록 전체 소득에서 음식물비가 차지하는 비율은 낮지만, 아이들 교육비용은 높게 나타난다.

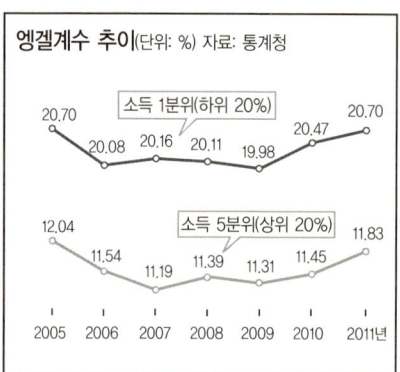

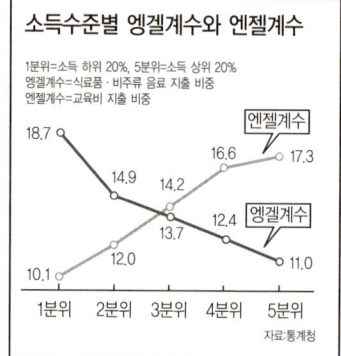

▌Telecom 계수

Telecom coefficient. 가계 지출에서 정보통신 비용이 차지하는 비율을 일컫는다. 정보통신 네트워크를 통해 정보수집이 이루어짐에 따라 텔레콤 계수 비중이 점차 높아지고 있다.

▌슈바베의 법칙

소득이 증가함에 따라 주거비의 지출은 증가하지만, 이것이 소비 지출 전체 가운데 차지하는 비중은 점차 낮아진다는 경험 법칙.

1. 다음 설명에 O, X로 표시하라.

    ① 총소득은 가처분소득에 비소비지출을 더한 것이다.

    ② 4대 보험에는 건강보험, 고용보험, 산재보험은 포함되나 국민연금은 포함되지 않는다.

    ③ 소비지출은 지출항목 가운데 가장 크게 차지하고 있다.

2. 다음 (   )에 들어갈 표현은?

    지출은 1차적으로 총소득에서 빠져나가는 (   )이/가 차지하고 2차적으로 가처분소득 중에서 (   )와/과 저축의 합으로 구분된다. 최근에는 각종 세금과 사회 보험비 등의 (   )의 비중이 늘고 있어 적극적인 절세노력이 점차 중요해지고 있다. 그러나 지출 대부분을 차지하는 것은 (   )이므로 가처분소득의 크기, 욕구, 자원의 희소성, 기회비용 등의 여러 요인을 고려하여 현재의 소비와 미래의 소비(저축)에 대한 합리적 배분 기준을 정하는 것이 매우 중요하다.

    해설 및 정답

    1. ① O   ② X(건강보험, 고용보험, 산재보험, 국민연금 등을 4대 사회보험이라고 한다).   ③ O

    2. 비소비지출, 소비지출, 비소비지출, 소비지출

금융감독원 '금융이해력 측정문제' 풀이

가처분소득의 개념

    개인이 일해서 버는 총소득 중 자유재량으로 쓸 수 있는 가처분소득은 총소득에서 여러 항목이 공제된 후의 금액이기 때문에 항상 총소득보다 적습니다. 다음 중 총소득에서 공제되는 것은 어느 것입니까?

① 소득세, 건강보험료, 국민연금보험료
② 재산세, 건강보험료, 국민연금보험료
③ 소득세, 부가가치세, 건강보험료
④ 소득세, 부가가치세, 국민연금보험료

※재산세 : 소득에 대한 세금 ×

정답 : ①

6. 예산계획과 재무 설계

▌예산과 예산계획

- 예산 : 소득에 따른 지출 계획
- 예산계획 짜기 : 월 소득 계산 → 월 지출 계산 → 지출항목에 소득 배분 → 실행 → 평가(결산)
- 유의점 : 수입과 지출 및 생애 재무설계에 대한 계획까지 고려한다.

▌예산계획 수립 시 유의점

- 소득 증가에 대한 과도한 기대나 평가 금물
- 예상되는 소득 감소분 반드시 반영
- 임시소득 발생 시 부채 해결이 먼저
- 과외 수당이나 부업 등의 임시소득도 포함해 낭비 방지
- 지출에 대한 정확한 파악 필요(가계부)
- 지출은 고정지출(세금과 공과금, 주거비, 신문대금 등 금액이 일정한 지출항목)과 변동지출(전화요금, 전기·가스요금 등 금액이 일정치 않은 지출항목)로 구분 관리
- 매월뿐만 아니라 연간 또는 계절적 발생 지출도 고려
- 여유 자금을 포함시켜 중도 포기 없이 지속해서 실행

▌재무 설계

자신의 재무 관련 사항을 파악하여 재무 관련 목표를 세우고 이에 맞춰 구체적인 자금을 준비하거나 계획하고 실천하는 일. 특히 노령화 시대 적극 대비 필요.

- 구체적인 재무 목표 : 넉넉한 노후 생활
- 자신의 재무 상태 분석 : 30평 APT, 월 500만 원 소득(5천만 원 예금)
- 재무행동 계획 : 퇴직연금(국민연금) + 개인연금(월 20만) + 별도 저축
- 재무행동 실행하기 : 위 목표대로 실천

● 평가 : (1년 후 평가)매우 만족! 다시!

▌예산계획 vs 재무 설계 vs 재테크

● 예산계획 : 일정 기간 안의 (기대)수입에 기초한 (예상)지출 계획.
● 재무설계 : 생애 주기 전체를 고려한 예산 계획. 현재 자산 상태와 수입을 고려한 소비와 저축, 결혼, 자녀교육, 노후 생활 등 라이프사이클을 고려한 계획.
● 재테크 : 자산을 불리는 기술(어떻게 하면 재산을 불릴 수 있을까?).

학습 내용 정리

1. 다음 설명에 O, X로 표시하라
   ① 예산을 세웠으면 결산은 할 필요가 없다.
   ② 예산을 세우는 것은 머리가 아프고 복잡한 일이므로 생략해도 좋다.
   ③ 예산활동은 자기 통제에 아무런 도움이 되지 않는다.
   ④ 기부나 나눔을 위한 돈은 일단 지출을 하고 난 다음에 하는 것이다.
   ⑤ 적자를 줄이는 방안 중의 하나는 필수 지출에 대한 생각을 바꾸는 것이다.
   ⑥ 돈은 관리하는 것보다 많이 버는 것이 중요하다.
   ⑦ 라이프사이클의 단계마다 가족들이 필요로 하는 것은 일정하다.
   ⑧ 신혼기에는 주로 갖추고 싶은 것들이 많지만 양육기에 대비해 계획적인 지출을 하는 것이 현명하다.
   ⑨ 신혼기에서 노년기까지 수입은 계속 증가한다.
   ⑩ 예산은 소득과 소비로 구성된다.
   ⑪ 소득을 파악할 때는 과외수당이나 부업으로 얻는 임시소득도 포함한다.
   ⑫ 가계지출에서는 매월 발생하는 지출만 포함하며, 연간 혹은 계절적으로 발생하는 지출은 고려하지 않는다.
   ⑬ 세금과 공과금, 주거비(월세 등), 차량유지비 등은 변동지출에 포함된다.
   ⑭ 재무설계는 소득을 고려하여 저축을 합리적으로 설계하고 은퇴 후까지 고려하는 장기적이고 계획적인 시도라는 점에서 재테크와 구분된다.
   ⑮ 고령화가 가속화되면서 생애를 고려한 재무설계의 필요성은 점점 커지고 있다.
   ⑯ 사회생활 초년기인 20대에는 장기적인 재무계획보다 단기적인 재무계획을 세우는 것이 중요하다.

2. 다음 (   )에 들어갈 적절한 표현은?
   (   )이/가 생애 주기 전체를 고려하여 돈에 대한 계획을 세우는 것이라면 (   )은/는 일정 기간 동안에 기대 수입에 기초한 지출계획이라고 할 수 있다.

1. ① X ② X ③ X ④ X ⑤ O ⑥ X ⑦ X ⑧ O ⑨ X ⑩ X(소득과 지출) ⑪ O ⑫ X ⑬ X ⑭ O ⑮ O ⑯ X

2. 재무 설계, 예산계획

논술 연습

1. 자신의 재무목표를 달성하기 위한 소득 확대방안은?
2. 예산을 세우는 과정을 순서대로 설명해보시오.

해설 및 답안

1. ※논술 방향 : 자기계발을 통한 인적 자본 개발 노력으로 연결한다.
2. ① 월 소득을 계산한다. ② 월 지출을 계산한다. ③ 지출항목에 소득을 배분한다. ④ 예산을 실행한다. ⑤ 예산을 평가한다.

금융감독원 '금융이해력 측정문제' 풀이

1. 예산계획

여러분이 다음 달에 대한 소비계획을 세울 때 다음 중 어떤 것에 기초해서 세우는 것이 가장 바람직할까요?

① 성적이 오르면 받기로 한 용돈

② 다음 달에 받게 되는 용돈

③ 미리 저축해 놓은 은행적금

④ 다음 달에 받게 되는 용돈과 미리 저축해 놓은 은행적금

※해설 ① 임시(변동) 소득 ② 항상소득 ③ 여유자금 ④ 항상소득 + 여유자금

2. 예산계획

지영이는 매달 월급으로 200만 원을 받아 월세로 60만 원, 외식비를 포함한 식비로 40만 원, 옷값으로 20만 원, 교통비 및 통신비로 20만 원, 그리고 기타경비로 10만 원을 쓰고 있습니다. 만일 지영이가 여유자금으로 부족한 전세보증금 500만 원을 모으려고 한다면 얼마나 걸릴까요?

① 9개월   ② 10개월   ③ 11개월   ④ 12개월

※해설 : 200만 − 60만 − 40만 − 20만 − 20만 − 10만 = 50만 원
　　　　500만 원 저축 = 50만 원 × 10개월

3. 예산계획과 재무관리

예산을 미리 세우는 습관은 소비자 재무관리의 기본입니다. 다음 중 예산에 대한 설명으로 적절하지 않은 것은 어느 것입니까?

① 예산은 번 것보다 적게 쓰는 습관을 지닐 수 있는 능력을 키워준다.
② 예산을 세울 때는 신용을 포함하여 사용 가능한 모든 재정자원을 고려하여 지출을 결정한다.
③ 예산을 세울 때는 소비지출액에 앞서 저축액을 미리 결정해 놓는 것이 좋다.
④ 예산을 세울 때는 저축과 소비지출의 합이 소득과 일치하도록 해야 한다.

※해설 : ② 신용은 대출을 뜻한다. 따라서 대출을 포함한 지출계획은 바람직하지 않다.

정답 : 1. ④　2. ②　3. ②

7. 위험과 보험

▌위험
Risk. 손실을 발생시킬 가능성이 있는 것 또는 그 손실의 발생이 확실한 것.

▌개인 위험의 유형
조기 사망, 장애발생, 질병, 안전사고, 해고, 은퇴, 도난, 화재 등.

▌위험관리(위험 대비 방안)
- ●유비무환 : 경제적 손실의 최소화. 저축이 가장 기초적인 위험 대비 방안.
- ●위험 회피 : 위험을 고려한 운전회피가 대표적이다.
- ●위험 이전 : 보험가입. 보험은 자신의 위험을 보험회사에 이전시키고 대신 수수료(보험료)를 내는 형태.
- ●리스크 관리 : 불확실성에 대한 통제.

▌보험
적은 비용으로 큰 손실에 대비하는 위험 이전 방법.
- ●민영보험 : 생명보험과 손해보험.
- ●사회보험 : 4대 보험(건강보험, 국민연금, 고용보험, 산업재해보험).

▌생명보험
사람의 사망 또는 생존을 보험사고로 하는 보험.

▌손해보험
보험자가 우연한 사고로 생기는 손해를 전보할 것을 약정하고, 보험계약자가 이에 보험료를 낼 것을 약정하는 보험.

학습 내용 정리

1. 다음 설명에 O, X로 표시하라.
   ① 확실히 발생하고 손실이 예상되는 것을 위험이라고 한다.
   ② 경제적인 의미에서 볼 때 경제적인 손실을 최소화하는 것을 위험이라고 한다.
   ③ 보험이란, 같은 위험에 처할 가능성이 있는 많은 사람이 모여 그 위험에 대비해 서로 조금씩 돈을 내서 공동 재산을 마련한 다음, 사고를 당한 사람에게 미리 정해진 금액을 지급함으로써 서로 돕는 제도다.
   ④ 위험을 관리할 수 있는 유일한 방법은 보험이다.
   ⑤ 같은 보험이라면 어떠한 사람이 가입하더라도 항상 보험료는 같다.
   ⑥ 사회보험은 위험에 대비하여 전 국민에게 꼭 필요한, 기본 생활을 유지할 수 있게 하려고 만들어졌다.
   ⑦ 국민건강(의료)보험과 국민연금보험, 산업재해보험, 고용보험을 4대 사회보험이라고 한다.

정답 및 해설
① X(위험은 불확실성을 말한다)   ② X(위험 → 위험관리)   ③ O   ④ X(보험은 위험을 피하는 하나의 수단일 뿐이다)   ⑤ X(각기 다르다)   ⑥ O   ⑦ O

1. 위험대비 방안

살아가다 보면 여러 가지 예기치 못한 위험을 경험하게 됩니다. 다음은 인영이가
다양한 위험에 대한 대비방안으로 마련한 것입니다. 인영이가 잘못 마련한 대비
방안은 어느 것입니까?

① 갑작스러운 실직으로 인한 소득상실에 대비하기 위해 꾸준히 저축하기
   로 함.

② 교통사고로 인한 재산손실에 대비하기 위해 자동차운전을 하지 않기로 함.

③ 주식투자로 인한 재산손실에 대비하기 위해 보험에 가입하기로 함.

④ 화재로 인한 재산손실을 대비하기 위해 소화기를 설치하기로 함.

※해설 : ③ 투자손실을 보전해주는 보험은 없다.

2. 보험종류에 대한 이해

선우씨는 자신의 승용차를 운전하던 중 실수로 앞서 가던 차량을 충돌하였다. 이
때 선우씨가 자신의 승용차에 입은 손해(차량파손)를 보상받기 위해 가입하여야
하는 보험은 무엇입니까?

① 자동차종합보험   ② 책임보험   ③ 상해보험   ④ 종신보험

※ 해설 : 책임보험은 피해자와 피해차량에 대한 손해를 보상하지만 자기차량손해
에 대해서는 보상하지 않는다. 따라서 자기 차량이 입은 피해를 보상받기 위해서
는 종합보험에 가입해야 한다.

3. 보험종류에 대한 이해

다음 보기에 제시된 사람들의 가처분소득이 모두 같다고 할 때, 생명보험이 가장
필요한 사람은 누구입니까?

① 자녀가 없는 젊은 독신 여성

② 부인과 함께 일찍 은퇴한 남성

③ 자녀가 없는 결혼한 젊은 남성

④ 두 명의 어린 자녀가 있는 젊은 독신 여성

※ 해설 : ④ 자녀가 있는 독신여성은 노년 이후에는 자녀에게 경제적 부담이 될
수 있다.

정답 : 1. ③   2. ①   3. ④

8. Inflation과 Deflation

▌가격

특정 재화(상품) 또는 서비스의 가치(값).

▌물가

모든 상품과 서비스 가격(가치)의 평균값.

▌구매력

물건을 살 수 있는 화폐(돈)의 힘.

1 인플레이션

물가의 지속적 상승 ↔ 화폐 구매력의 지속적 하락

▌인플레이션의 영향

- ●화폐 구매력 하락.
- ●채무자 유리(부채액수는 불변인 상태에서 자산가치가 상승하면서 시중에 돈이 많아서 돈을 구하기 쉽다).
- ●물가고에 따른 생활고.

▌인플레이션의 유형

구분		유형
유발원인	수요 측면	· 수요견인 인플레이션(Demand-pull inflation) · 기대 인플레이션(Expectation inflation) · 통화 인플레이션(2011년 물가상승 원인)
	공급 측면	비용상승 인플레이션(Cost-push inflation)
경제성장		스태그플레이션(Stagflation), 스크류플레이션(Screwflation)
상승속도		Mild inflation, Hyper inflation, Goldilocks

- 수요견인 인플레이션 : Demand-pull inflation. 호경기 때 수요가 증가하면서 발생하는 물가 상승.
- 기대 인플레이션 : Expectation inflation. 인플레이션 기대 심리 작용.
  → 아파트 가격 상승 기대에 따른 투기 심리 작용.
- 통화 인플레이션 : 2011년 물가상승 원인. 통화량 증가에 따른 물가 상승.
- 스태그플레이션 : Stagflation. 불경기 속에서의 물가 상승.

❷ 디플레이션

물가의 지속적 하락 ↔ 화폐 구매력의 지속적 상승

▌디플레이션의 원인

디플레이션은 경기침체에 따라 발생할 수 있지만 기술진보, 생산비용 하락 등과 같은 공급 충격에 의한 초과 공급의 경우에도 나타날 수 있다.
- 1929년 세계 대공황 : 경제활동 전반이 무기력해지고 광범위한 초과공급이 존재한 상태. 케인즈는 유효수요의 부족으로 진단했다.

▌디플레이션의 영향

- 화폐 구매력 상승.
- 채무자 불리(부채는 불변인 상태에서 자산가치가 하락하면서 시중에는 돈이 돌지 않고, 돈이 귀하기 때문에 돈을 구하기 어렵다).
- 계속된 물가 하락으로 인한 생산 감소.
- 경기 침체 → 현재의 일본.
- 부동산, 주식 등의 자산가치 하락.
- 실질금리와 실질임금 상승.
- 금융부실 발생.

❸ 인플레이션 vs 디플레이션

- 인플레이션 : 화폐가치 하락(화폐 구매력 하락)
- 디플레이션 : 화폐가치 상승(화폐 구매력 상승)

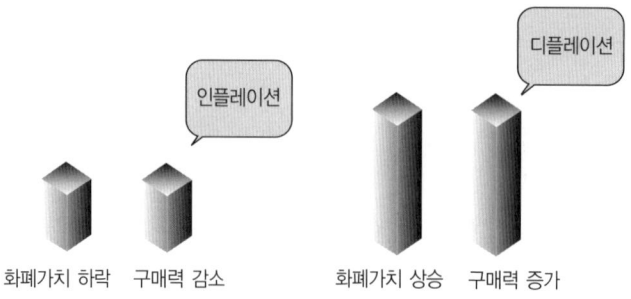

화폐가치 하락　구매력 감소　　　　화폐가치 상승　구매력 증가

▌2006~2007년 vs 2012년

- 2006~2007년 : 아파트 가격이 자고 나면 수천만 원 오르는 상태에서는 매수인이 증가하면서(수요견인인플레이션) 기대 인플레이션 심리는 더 크게 작용한다.
- 2012년 현재 : 아파트 가격이 자고 나면 수천만 원 떨어지는 상태에서는 매매계약을 함과 동시에 손해를 보기 때문에 매수인이 나타나지 않으면서(수요 〈 공급) 아파트 가격은 더욱 내려간다.

▌인플레이션의 영향 vs 디플레이션의 영향

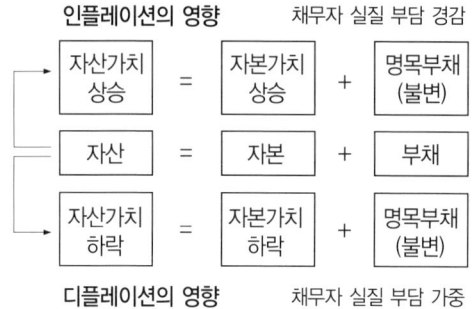

학습 내용 정리

다음 설명에 답하라.

1. 지루한 장마 끝에 배춧값이 올랐다. 어머니는 이것을 보고 물가가 올랐다고 한다. 맞는 표현일까?

   ※ 해설 : 물가 → 가격

2. 시장에서 생선 가격이 지난달보다 100% 올랐으며 채소 가격도 50% 올랐다. 그런데 뉴스에서는 소비자물가지수가 3%밖에 오르지 않았다고 한다. 왜 그럴까?

   ※ 해설 : 소비자물가지수는 특정 재화 하나만을 대상으로 하지 않고 500여 개를 대상으로 한다. 따라서 지금 이 소비자의 주된 소비재화인 생선과 채소 가격이 많이 올랐어도 다른 재화 가격이 변동이 없거나 내렸으면 이처럼 물가에 대한 괴리현상이 발생한다.

3. 구매력이란 돈으로 구매할 수 있는 상품이나 서비스의 양을 말한다. 만일 올해 시간당 임금이 2,000원으로 작년과 같은데, 영화관람료가 5,000원에서 5,500원으로 올랐으며 다른 물가도 영화관람료와 같은 비율로 올랐다.

   ① 이 사람의 구매력에 어떤 변화가 있을까?

   ※ 해설 : 구매력 10% 하락. 물가는 10% 올랐으나 임금은 변화가 없다.

   ② 올해 임금을 시간당 2,200원으로 올려주겠다고 한다. 생활은 나아질까?

   ※ 해설 : 동일한 비율로 상승했다. 따라서 변화가 없다.

③ 삼촌의 월급은 15% 상승했다고 한다. 삼촌의 생활은 나아질까?

※ 해설 : 삼촌 월급은 물가와 비교하면 5%포인트 상승했다. 따라서 삼촌의 생활 형편은 조금 나아질 것이다.

금융감독원 '금융이해력 측정문제' 풀이

1. 물가상승의 의미

월급이 작년보다 50%나 오른다면, 다음의 설명 중에서 가장 옳은 것은 무엇일까요?

① 물가도 월급과 같이 50% 오르면 작년과 같은 생활 수준을 유지하게 될 것이다.

② 물가가 월급과 같이 50% 오르더라도 생활 수준은 작년에 비해 나아질 것이다.

③ 물가와 상관없이 월급이 오른 만큼 생활 수준은 좋아질 것이다.

④ 작년보다 생활 수준이 50% 이상 나아질 것이다.

※ 해설 : ① 물가가 오른 만큼 임금도 오르면 작년과 다를 게 없다.

2. 인플레이션의 영향

물가가 내리지는 않고 계속 오르기만 하는 현상을 인플레이션이라고 합니다. 다음 중 인플레이션에 대한 설명으로 옳지 않은 것은 무엇입니까?

① 돈 가치가 떨어져서 같은 돈으로 살 수 있는 물건이 적어진다.

② 시중에 돈이 지나치게 많거나 물건이 부족하기 때문에 생긴다.

③ 월급을 받는 직장인처럼 매달 수입이 일정한 사람들은 살기가 더 어려워진다.

④ 부동산보다 저축이나 예금 등과 같은 안전한 곳으로 돈이 몰린다.

※ 해설 : ④ 인플레이션이 발생하면 저축이나 예금 등의 금융상품 가입자가 손해를 본다. 대신 아파트 같은 부동산은 자산가치가 상승하면서 이익을 가져다준다.

3. 인플레이션의 영향

인플레이션은 우리 생활에 많은 어려움을 가져다줄 수 있습니다. 인플레이션이 장기화될 경우 가장 큰 어려움을 겪을 것으로 예상되는 가정은 다음 중 어느 가정일까요?

① 은퇴를 대비해 저축하고 있는 나이 든 맞벌이 부부.
② 고정된 은퇴 소득으로 살아가는 노인 부부.
③ 자녀가 없는 젊은 맞벌이 부부.
④ 자녀가 있는 젊은 맞벌이 부부.

※ 해설 : ② 연금소득으로 생활하는 은퇴 부부는 소득은 고정되어 있으나 물가는 오르기 때문에 생활비용은 늘어나지만, 돈의 가치가 떨어져 생활을 유지하기 어려워진다.

4. 인플레이션 위험 대비 방안

갑자기 인플레이션이 발생했을 때 다음에서 가계의 자산을 가장 안전하게 보호할 투자방법은 무엇일까요?

① 10년 만기 국공채
② 양도성예금증서
③ 5년째 불입하고 있는 주식형 펀드
④ 고정금리로 주택구입자금대출을 받아서 구입한 부동산

※ 해설 : ④ 인플레이션은 자산가치의 상승을 뜻한다. 따라서 금융자산의 가격은 시장에 의해서 변하기 때문에 인플레이션 위험에 노출된다(인플레이션이 발생하는 경우 금융자산은 대개 손실로 나타난다). 그러나 부동산 같은 가장 일반적인 자산은 인플레이션에 따른 기대 이익은 높아진다.

정답 : 1. ① 2. ④ 3. ② 4. ④

▌Headline Inflation
일반적으로 활용하는 소비자물가지수를 뜻한다.

▌Core Inflation
근원 인플레이션 또는 핵심 인플레이션. 헤드라인 항목 중 변동성이 큰(외부 충격으로 일시적으로 급등락하는) 석유류나 농산물 등의 품목을 제거하고 난 후에 산출하는 기조적 물가지수(2011년 12월 개편에서 기존 품목 외에 OECD 방식인 식료품 · 에너지 제외를 추가했다).

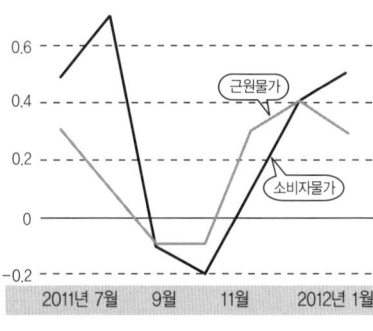

- ●근원물가지수의 변동성 : 근원물가지수는 변동성이 큰 품목을 제거하고 산출하기 때문에 소비자물가지수보다 등락 폭이 작게 나타난다.

▌CPI vs PPI
- ●CPI : Consumer Price Index. 소비자물가지수. 통계청 조사, 발표
- ●PPI : Producer Price Indexes. 생산자물가지수. 한국은행 조사, 발표

▌CPI 작성
- ●기준 시점 : 2010년(5년마다 변경)
- ●기준 품목 : 481개(2011년 12월 개편)

▌CPI 작성의 특징
- ●서비스를 포함한 481개 품목의 평균 상승폭을 지수로 나타낸다.
- ●생활 수준의 향상이나 식구 수의 변동, 자녀의 성장에 따른 소비와 지출규

모의 변화는 포함되지 않는다.
- 세금, 사회보장비 등과 같은 비소비 지출이나 저축, 유가증권구입, 토지·주택구입비 등의 재산증식을 위한 지출은 포함되지 않는다.

▋소비자물가지수의 한계(생활물가와 정부 발표 물가지수 괴리 원인)

소비자가 느끼는 체감물가와 정부가 발표하는 소비자 물가지수 간에 괴리가 발생하는 이유는 다음과 같다.
- 개인마다 달리 소비하는 재화와 서비스.
- 소비자의 자기중심적 심리(생활 수준의 향상이나 가족 구성원의 변동에 의한 소비지출 증가와 그에 따른 착각).
- 물가지수 작성방법의 한계.
- 소비자물가 조사대상 구성요소의 부적합(장바구니 물가에 미치는 영향이 큰 먹거리 비중이 물가지수 통계에는 훨씬 낮게 설정돼 있다. 따라서 측정기준 품목과 실제 소비품목에는 차이가 발생한다.

PART 2
금융지식

1. 화폐 · 통화

▌화폐

Money. 돈을 뜻한다. 상품 교환 가치의 척도가 되며, 그것의 교환을 매개하는 일반화된 수단. 주화, 지폐 따위를 통틀어 화폐라고 한다. 즉, 한국은행이 발행해 유통한 '진짜 돈'을 말한다.

- ●통화 : 정부의 발권력에 의해 발행된 화폐와 민간 부분에서 발행해 거래하고 있는 어음과 수표에 대한 총칭이다. 즉, 한국은행이 발행한 진짜 돈과 일반 은행이 발행해 유통시킨 어음과 수표 등에 대한 총칭이다.

▌돈의 변천 과정

물품화폐 → 주조화폐 → 지폐 → 예금통화(어음, 수표 등) → 전자화폐

- ●신용카드 : 법적으로 화폐 또는 통화가 아니다. 결제 대체수단이다.

▌화폐의 기능

경제활동에서 화폐는 인체 피의 역할을 한다. 가치척도(회계단위), 교환 · 지불수단, 저장수단 등으로 설명하고 있다.

- ●화폐의 저장수단 : 화폐가 자산의 한 형태로서 보유되는 사실. 화폐가 아닌 다른 자산도 저장가치를 가지고 있다.

다음 글을 읽고 (   )를 적합한 단어를 채우시오.

1. 돈은
   ① 돈은 사람들 사이에서 돌고 돌 때 그 힘을 발휘한다.
   ② 이러한 돈의 가치는 가치척도, 교환·지불 수단, 저장 수단 등 세 가지 기능을 가지고 있다.
   ③ 세상에 존재하는 거의 모든 재화와 용역은 돈으로 그 가치를 비교할 수 있다.
   ④ 돈은 물건을 사고팔 때 교환의 수단으로 사용되며, 번 돈의 일부를 예금으로 저장한다. 이는 가치를 (   )하는 기능이 있기 때문이다.

2. 화폐는
   ① 화폐는 인류의 생활이 변하면서 생활에 더욱 편리하도록 그 형태도 변하고 있다.
   ② 단순한 물품교환 경제에서는 화폐 경제활동이 없이도 가능했지만 경제활동이 복잡해지면서 화폐의 필요성이 대두되었다.
   ③ 처음 물품화폐로 시작된 돈은 생활의 편리를 추구하면서 금속화폐를 거쳐 지금의 (   )로 발전했다.
   ④ 화폐의 발전과 더불어 정보화시대로 나아가면서 신용카드로 대표되는 플라스틱 머니가 사용되고 있고 사이버세계에서는 전자화폐가 통용될 것이다.
   ⑤ 화폐의 수요와 공급은 인체의 피(혈액)과 같은 역할을 한다.
   ⑥ 이 과정에서 이자율(또는 금리)이라는 돈의 가격이 결정된다.
   ⑦ 세계 각국의 중앙은행은 금리를 통해 경기를 조절하고 있다.

   ※ 화폐의 수요 : 경제 주체가 화폐 형태로 보유하려는 욕구.
   ※ 신용카드와 전자화폐 : 법정화폐가 아니라 결제 대체수단이다.
   정답 : 1. 저장   2. 지폐

논술 연습

다음 물음에 간단히 답하시오.

1. 화폐의 발전단계

2. 어떤 물건이 화폐가 되기 위한 조건

3. 경제활동의 필수품인 석유가 화폐로 사용되지 않는 이유

4. 화폐 수요자

5. 전자화폐의 장점

6. 시중의 모든 화폐가 위조지폐라고 한다면 우리 생활은 어떻게 될까?

해설 및 답안

1. 자연화폐 → 금속화폐 → 지폐 → 예금통화(수표) → 신용카드, 전자화폐
2. 소금, 조개 등 휴대하기 쉬우면서 모든 사람이 그 가치를 인정해야 한다.
3. 운반과 취급이 어려우며 관리에 비용이 많이 든다.
4. 가계와 기업, 정부 등의 각 경제주체
5. 돈의 출처와 사용처가 모두 실명으로 기록이 남기 때문에 지하경제와 음성자금이 수면 위로 노출된다.
6. 화폐에 대한 신뢰가 없으므로 사람들은 사용을 안 할 것이다. 구소련이 붕괴할 때 소련 통화 사용을 거부한 소련 국민이 미국 달러를 선호했던 것처럼 자국 화폐 대신 달러나 엔화 등 세계 기축통화에 대한 수요가 폭발(달러 가격 폭등)할 것이다.

2. 금리, 화폐의 현재가치와 미래가치

▌금리

- 또는 이자율
- 돈의 가격
- 현재 소비를 희생한 대가
- 돈을 빌리는 대가로 지불하는 비용

▌이자

돈을 빌려 쓰는 대가로 치르는 일정 금액

$$\boxed{\text{이자}} = \boxed{\text{원금}} \times \boxed{\text{금리}} \times \boxed{\text{기간}}$$

빌린 돈　　　이자율　　　년으로 표시

▌금리계산법(A : 원금, r : 이자율, n : 기간)

- 단리법 = $S = A \cdot (1 + r \cdot n)$
- 복리법 = $S = A \cdot (1 + r)^n$

  ⇒ 복리는 이자의 이자만큼 많아진다.

  ⇒ 단리 이자를 알면 복리 공식을 몰라도 계산을 할 수 있다.

연수	단리(원리금 합계)	복리(원리금 합계)
1	1,000,000	1,100,000
2	1,200,000	1,210,000
3	1,300,000	1,331,000
4	1,400,000	snowball effect

▌화폐의 미래 가치

Future value of money. 현재의 화폐를 미래의 가치로 환산 것을 화폐의 미래 가치라고 한다.

- $FV = A \cdot (1 + r)^n$

⇒ 복리 계산법
- 현재 이자율이 년 5%라고 할 때 원금 100,000원의 10년 후 가치는?
  → $100,000 \cdot (1+0.05)^n = 163,000$원

화폐의 현재 가치

Present value of money. 미래의 화폐를 현재의 가치로 환원한 것을 화폐의 현재 가치라고 한다.
- $PV = A / (1+r)^n$
  ⇒ 받을 어음, 할인채권 개념
- 10년 후 200,000원을 받기로 한다면 현재가치는?(단, 금리는 년 5%이다)
  → $200,000 / (1+0.05)^n = 123,000$원

---

1 10년 후 20만 원을 받기로 한다면 이 돈의 현재 가치는?(단, 금리는 년 5%)

$200,000 / (1+0.05)^n = 123,000$원

2 1년 후 받을어음 1억의 현재 가치는?(금리 년 5%)

1억 $/ (1+0.05)^n = 9523.8$만 원

할인율

미래의 현금(cash flow)을 현재의 가치로 바꾸는 과정(할인)에 적용하는 비율.
- 미래 가치의 현재 가치

	9500
	9000
액면가 1억	

액면가	판매금액	할인율
1억 원	9,500만 원	5%
	9,000만 원	10%

할인율 vs 수익률

금리에 대한 또 다른 표현이다.
- 할인율 : 채권이나 증권에 투자할 때 은행의 이자율처럼 처음에 적용하는 경우.

⇒ 할인금액 / 채권가격

●수익률 : 채권이나 증권에 투자할 때 은행의 이자율처럼 나중에 적용하는

경우.

⇒ (표면이자 + 액면가 – 구입가) / 투자 원금

구분	투자액	이자	만기금액	할인율	수익률
이표채	100만	20만	100만	0	20%(20/100)
할인채	80만	0	100만	20%	25%(20/80)

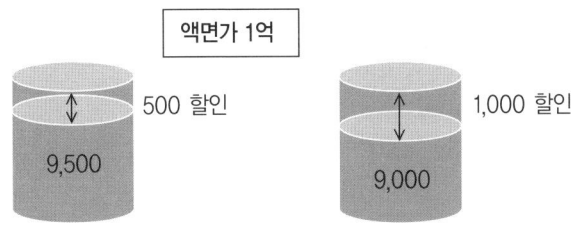

액면가 1억

500 할인

9,500

1,000 할인

9,000

높은 가격(9,500만원)	낮은 가격(9,000만원)
낮은 금리(5%)	높은 금리(10%)
낮은 금리(할인율, 수익률)에도 잘 팔린다 → 가격이 높아도 잘 팔린다	높은 금리(할인율, 수익률)에도 잘 안 팔린다→가격이 낮아도 잘 안 팔린다

▌72법칙

복리금리에 대해 원금의 2배가 되는 기간 산출법. 72를 복리 금리로 나누면 원금의 2배가 되는 데 걸리는 대략적인 기간이 산출된다. 예를 들어 복리로 12%의 이자를 받는 투자의 원금이 2배가 되는 데 걸리는 기간은 대략 6년이 된다(72 / 12%=6년).

●현재 이자율 = 년 5%(0.05)

→ 오늘 10만 원 받을래?

→ 10년 후 20만 원 받을래?

●오늘 10만 원이 2배 되는 소요 시간 : 14.4년

●오늘 10만 원의 10년 후 가치 : 163,000원

▌금리의 기능

- ●자금 조절기능 : 금리에 따라 자금의 수요와 공급이 결정된다.
- ●자금 배분기능 : 안전하고 높은 금리소득을 위해 이익이 많이 창출되는 산업분야로 자금이 유입된다.

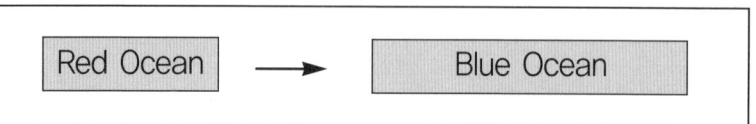

▌금리가 경기에 미치는 영향

금리는 경기에 큰 영향을 미치게 되므로 중앙은행이 금리조절을 통해 경기를 조절하고 있다.

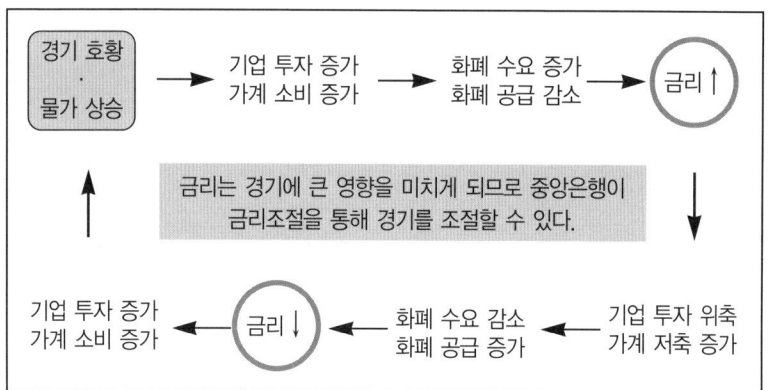

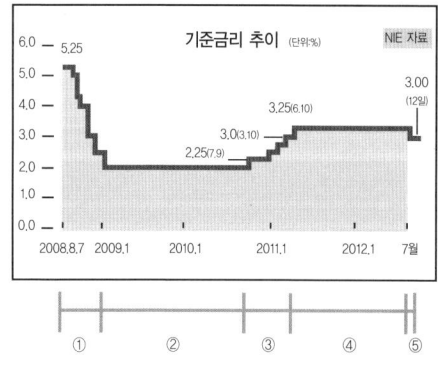

①의 시기 : 2008년 미국발 금융위기 발생. 경제 충격 완화를 위한 금리 인하시기.

②의 시기 : 경제 충격 완화조치에 이은 경기 부양 목적의 저금리 시기.

③의 시기 : 2010년 경제성장률이 6%에 달할 정도로 경제가 안정을 되찾자 정부가 시장개입에

서 철수하는 시기(이를 '출구전략'이라고 한다).

④의 시기 : 물가 상승 여파로 금리 인상 요구가 거셌지만 해외에서 밀려오는 부동자금(hot money) 때문에 물가를 희생시키는 조치를 취한다.

⑤의 시기 : 유럽발 경제위기 여파로 경제가 다시 침체하자 금리를 낮춰 경기 부양시킨다.

▌명목 금리와 실질금리

● 명목금리 : 통장 표시 금리(예 ; 예금 년 5.0%, 대출 년 7.2%)

● 실질금리 : 물가상승분을 제한 금리(명목금리 − 물가상승률). 따라서 실질 금리는 마이너스로 나타날 수도 있다.

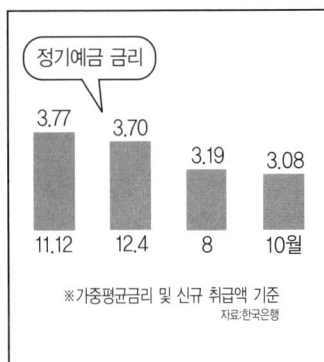

▌금리적용 방식

● 고정금리 : 처음부터 약정 기간 끝까지 고정.

● 변동금리 : 처음부터 시장금리의 움직임과 연결.

● 확정금리 : 처음부터 약정기간의 일정 기간까지는 고정금리 적용, 그 후에 는 변동금리 적용.

● 가산금리 : 고객의 신용도나 대출기간 등 여러 가지 조건에 따라 추가되는 금리. 신용가산금리와 기간가산금리로 구분된다.

▌이자율 비교

● 대출금리 〉예금금리

→ 이를 '예대마진'이라고 한다.

● 정기예금 금리 〉 보통예금 금리

● 신용불량자 대출금리 〉 신용우량자 대출금리

● 캐피털회사 · 신용카드회사 · 저축은행 대출금리 〉 (시중)은행 대출금리

● 단위농협 · 새마을금고 · 신용협동조합 대출금리 〉 (시중)은행 대출금리

● 신용대출 금리 〉 담보대출 금리

● 고정금리 〉 변동금리

▌고정금리가 변동금리보다 높은 이유

이자율 변동의 위험을 고정금리는 은행이 떠안지만 변동금리는 고객이 떠안기 때문이다.

학습 내용 정리

1. 다음 각 설명에 O, X로 표시하라.

① 부자가 되기 위해서는 저축을 빨리 시작하고 자주 한다.

② 적은 금액이더라도 될 수 있으면 자주 저축한다.

③ 단리로 이자를 계산하는 경우에는 이자를 원금에 보태서 다시 복리로 계산할 수 있다.

④ 1인당 소득이 1만 달러인 A 국과 B 국이 있다고 가정하자. A 국의 연평균 성장률이 3%이고 B 국은 6%일 때, 경제가 복리식으로 성장한다면 B 국의 소득 증가분은 A 국에 비해 2배 높아질 것이다.

⑤ 명목금리가 10%인데 물가 상승률이 3%라면 실질금리는 7%다.

⑥ 신용이 좋은 사람의 대출 이자율이 일반적으로 신용이 낮은 사람의 대출 이자율에 비해 높다.

⑦ 대개 금리가 내리면 소비가 늘고, 금리가 오르면 소비가 줄어든다.

정답 및 해설

① O　② O　③ O(복리는 이자의 이자만큼 늘어난다)　④ X(복리로 계산해도 2배로 늘지는 않는다. 경제성장률이 2배이고 복리식으로 성장한다고 해고 소득마저 2배로 높아진다고 단언하기 어렵다)　⑤ O(실질금리 = 명목금리 − 물가 상승분)　⑥ X(낮다)　⑦ O

금융감독원 '금융이해력 측정문제' 풀이

1. 금리의 기능에 대한 이해

다음 중 은행의 이자율이 낮은 시기에 예상할 수 있는 것으로 가장 알맞은 것은 무엇입니까?

① 이자만 받아도 충분히 생활할 수 있게 될 것이다.
② 은행에 돈을 저축하려는 사람들이 많아질 것이다.
③ 기업들이 돈을 빌리기가 더 어려워질 것이다.
④ 은행 대신 다른 곳에 투자하려고 들 것이다.

※ 해설 : 이자율이 낮으면 이자 수입이 적어지기 때문에 은행 예금이자보다 수입이 나은 다른 투자처를 찾게 된다.

2. 금융기관별 금리 차이

대학학자금을 융자받으려고 할 때 대출이자가 일반적으로 가장 싼 대출기관은?

① 은행
② 신용카드사
③ 신용협동조합
④ 상호저축은행

※ 해설 : 은행은 제1금융권이라고 하며, 은행 이외의 예금기관을 제2금융권이라고 한다. 제1금융권의 대출이자가 낮은 편이다.

3. 적용 이자율 비교

우빈과 준표는 입사 동기로 같은 조건의 신용기록을 갖고 있고 급여도 같습니다. 우빈은 자동차를 살 목적으로 은행에서 1,000만 원을 대출받았고 준표는 해외로 휴가를 가기 위해 같은 금액을 대출받았다면 이들에게 적용되는 대출금리는 어떨까요?

① 둘 다 거의 같은 재정적 배경을 갖고 있기 때문에 대출금리도 같을 것이다.
② 해외여행을 갈 수 있는 사람은 위험도가 낮은 사람이기 때문에 준표의 대출금리가 더 낮을 것이다.
③ 자동차는 대출의 담보물이 될 수 있기 때문에 우빈이의 대출금리가 더 낮을 것이다.
④ 대출이자율은 법으로 정해져 있기 때문에 둘 다 같은 금리가 적용될 것이다.

※ 해설 : 담보대출은 신용대출보다 이자가 낮다. 담보물이 있으면 원금 손실 위험이 낮아지기 때문이다.

4. 72법칙에 대한 이해

민규는 어려서부터 모은 돈 200만 원을 복리이자가 지급되는 정기예금상품에 가입하였습니다. 민규가 가입한 정기예금의 원금(200만 원)이 2배가 되는 데 걸리는 기간은 대략 얼마나 될까요?
* 복리이자란 원금에만 이자가 계산되는 것이 아니라 '원금 + 지난번 받은 이자'에 대하여 이자가 계산되는 방법을 의미합니다.
① 연 이자율이 20%라면 4년 반이 걸릴 것이다.
② 연 이자율이 12%라면 6년이 걸릴 것이다.
③ 연 이자율이 10%라면 10년이 걸릴 것이다.
④ 연 이자율이 8%라면 12년이 걸릴 것이다.

※ 해설 : 72법칙 = 72 / 복리이자율

5. 수익률에 대한 이해

다음은 이자수익을 높이기 위해 한수가 마련한 방안들입니다. 적절하지 않은 것은 어느 것입니까?
① 저축기간을 될 수 있으면 길게 잡는다.
② 단리상품보다는 복리상품을 활용한다.

③ 금리가 높은 금융상품을 선택한다.

④ 월 복리상품보다 연 복리상품에 투자한다.

※ 해설 : 복리 계산은 단위가 짧을수록 유리하다.

6. 수익률에 대한 이해

재원 씨는 25살부터 은퇴자금으로 매년 500만 원씩 저축을 하기 시작했고, 동갑내기인 승현 씨는 은퇴자금을 마련하기 위해 50세부터 매년 1,000만 원씩을 모으기 시작했습니다. 만일 같은 금융상품에 저축하였다면 이들이 75세가 되었을 때 누가 더 많은 은퇴자금을 가지고 있을까요?

※ 해설 : 500만 × 50년 ≧ 1000만 × 25년. 저축 원금은 서로 같으나 이자 수익률에서 차이가 난다.

7. 금융비용에 대한 이해

금융기관에서 돈을 빌리게 되면 비용이 따르게 됩니다. 이러한 금융비용에 대한 설명으로 맞는 것은 어느 것입니까?

① 금융기관마다 빌리는 데 드는 비용은 같다.

② 매달 갚아나가는 돈이 적을수록 비용은 커진다.

③ 이자율이 낮을수록 비용은 커진다.

④ 대출원금이 적을수록 비용은 커진다.

※ 해설 : 문제에서 '돈을 빌리게 되면 비용이 따른다' 는 표현은 곧 금리를 뜻한다.

1,000만 원 빌린 후 매달 20만 원 갚으면 : 첫 달 대출 잔액 980만 × 이자율

1,000만 원 빌린 후 매달 50만 원 갚으면 : 첫 달 대출 잔액 950만 × 이자율

정답 : 1. ④   2. ①   3. ③   4. ②   5. ④   6. 재원의 수익률 〉승현의 수익률   7. ②

3. 금융시장과 금융기관

▌금융

Financing. 금전을 융통하는 일. 자금의 여유가 있는 측과 자금을 필요로 하는 측의 상호 융통관계를 말한다.

- ●직접금융 : 자금의 수요자인 기업이 은행 등의 금융기관을 통하지 아니하고 직접 자금을 조달하는 방식의 금융 메커니즘을 말한다. 조달수단에는 주식·채권 따위가 있다. 투자에 따른 손실은 직접 책임을 지게 된다.
- ●간접금융 : 금융기관을 통해 일반으로부터 흡수된 예금을 차입하는 것을 말한다. 자금의 공급과 수요에 금융기관이 개입하는 형태를 의미한다. 은행이 간접금융의 대표적인 형태이다. 직접금융은 투자자가 손실을 감안하지만 간접금융은 금융기관이 손실의 책임을 모두 떠안는다.

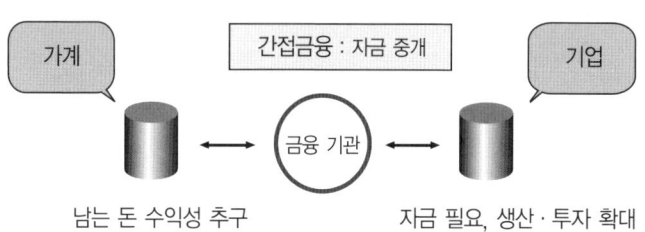

▌금융시스템

인체의 혈관역할을 하며, 금융시장과 금융기관으로 구성된다.

▌금융시장

자금의 수요와 공급이 만나 자금의 대차거래가 이루어지는 장.

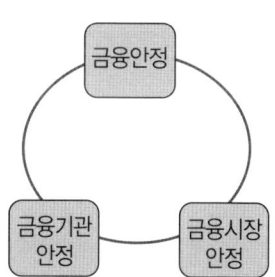

▌금융시장의 역할과 기능
- 자금 중개
- 금융자산 가격 결정
- 유동성 제공
- 비용 절약
- 손실 위험 관리
- 시장 규율(질서 유지)

▌제1금융권
(시중)은행, 농협중앙회, 수협중앙회, 외국은행 국내지점, 지방은행 등을 일컫는다.

▌제2금융권
단위농협, 단위수협, 새마을금고, 신용협동조합, 상호저축은행, 캐피털회사

▌제3금융권
일반 사채업을 제3금융으로 칭한다.

▌상업은행
Commercial Bank. 예금과 대부를 주된 업무로 하는 은행. 일반 시중은행을 말한다.

▌특수은행
은행법이 아닌 개별법에 따라 설립된 은행을 일컫는다. 현재 우리나라에는 한국산업은행, 수출입은행, 중소기업은행, 농협중앙회 신용부문, 수협중앙회 신용부문 등이 이에 해당한다.

▌투자은행
Investment Bank. 산업자금을 공급하는 기능을 담당하는 은행.

▋금융기관의 제공 서비스

예금, 대출, 지로, 이체, 카드(신용카드, 직불카드 체크카드)서비스, 보험(방카슈랑스), 인터넷뱅킹, 폰뱅킹, 대여 금고 등.

▋금융기관 선택 기준

안전성, 수익성, 편리성, 친절성 등

▋금융기관의 자산 건전성 평가 기준

- 은행 : BIS 기준 자기자본 비율(최소 8% 이상)
- 증권회사 : 영업용 순자본 비율
- 투자신탁회사 : 펀드 수익률
- 보험회사 : 보험금 지급능력 비율

학습 내용 정리

1. 다음 각 설명에 O, X로 표시하라.
   ① 은행과 보험회사는 직접 금융시장의 대표적인 금융기관이다.
   ② 직접금융 시장에서는 투자자가 거래에서 발생할 수 있는 모든 위험을 직접 부담하게 된다.
   ③ 금융기관을 선택할 때는 안전성, 수익성, 편리성, 친절성 등을 고려한다.
   ④ 투자나 증권기관에서는 대출서비스를 하지 않는다.
   ⑤ ATM을 사용할 때는 항상 보안에 유의해야 한다.
   ⑥ 예금자 보호법에 의해 금융기관이 망하더라도 항상 예금은 전액 보호된다.

정답 및 해설

① X(은행과 보험회사는 간접금융의 대표격이다) ② O ③ O ④ O(대출은 투자 및 증권 관련 기관을 제외한 금융기관의 주된 영업업무이다) ⑤ O ⑥ X(금융기관 별 원금과 이자 포함 5,000만 원까지 보호된다)

논술 연습

다음 각 금융기관의 안전성 판단지표를 설명해보시오.

1. 은행   2. 증권회사   3. 투자신탁회사   4. 보험회사

해설 및 답안

1. 은행 : BIS 기준 자기자본 비율(최소 8% 이상)
2. 증권회사 : 영업용 순자본 비율
3. 투자신탁회사 : 펀드 수익률

4. 보험회사 : 보험금 지급능력 비율

금융감독원 '금융이해력 측정문제' 풀이

1. 금융기관별 특성
다음 중 돈을 빌릴 수 없는 금융기관은 어디인가요?
① 보험회사
② 상호저축은행
③ 투자신탁회사
④ 새마을금고

※ 해설 : 대출은 투자 및 증권 관련 회사를 제외한 금융기관의 주된 영업수단이다.

2. 금융감독원의 역할
김민준 씨는 지난 추석 고향에 내려갔다가 태풍 매미의 영향으로 자동차가 침수
되어 보험사에 보상을 청구했지만, 천재지변으로 인해 발생한 손해로 보상해 줄
수 없다는 이야기를 들었습니다. 이 경우 어디에 피해 구제 신청을 할 수 있을까
요?
① 예금보험공사
② 금융감독원
③ 언론중재위원회
④ 전국은행연합회

※ 해설 : 금융감독원은 금융시장의 질서를 바로잡고, 금융기관의 자산 건전성을
평가 및 감독하며 금융소비자 보호를 주된 업무로 한다.

정답 : 1. ③   2. ②

4. 금융정보와 금융거래

█ 금융정보

개인이나 가계의 금융생활에 도움이 되는 정보.

- 금융정보의 필요성 : 불확실성 축소(또는 대비).
- 금융정보 수집 방법 : 금융감독원 등의 금융공기업(사이트), 은행 등의 금융 기관(사이트), 관련 법률, 신문기사, 광고, 증권사 소문, 길거리 전단 등.
- 신뢰성 있는 금융정보 : 금융감독원 등의 금융공기업(사이트), 은행 등의 금 융기관(사이트), 관련 법률, 신문기사 등.
- 금융정보 관련 광고의 목적(특징) : 정확한 정보전달 ×, 심리적 변화 유도 ○

█ 심리 변화를 유도하는 금융광고 사례

- 휴대폰만 있으면 누구나 대출
- 청약저축통장 삽니다
- 50만 원으로 신용카드 발급
- 당신의 카드대금 대신 내드립니다
- 무소득자 누구나 대출
- 아파트 시세의 95%까지 대출
- 미성년자 신용카드 발급 가능
- 학생증 대출
- 기타

█ 당사자 간 금융거래 원칙

- 거래 당사자 간 정확한 계약 내용 : 원금, 기간, 이자율 및 지급 시기, 변제 일(만기일), 거래 상대방 신원.
- 금융상품 거래 : 금융상품 거래 조건에 대한 정확한 이해.

▌금융상품 거래 약관

약관이란 금융상품 사업자(또는 공급자)가 다수의 상대방(고객)과 계약을 체결하기 위해 미리 정해놓은 거래조건을 뜻한다.

- 금융약관의 법적 규제 이유 : 약관을 제시하는 당사자(사업자)가 유리한 지위에서 계약을 체결하는 경우 소비자 보호 목적. 법은 약관의 뜻이 명백하지 않을 때 소비자에게 유리하도록 해석한다.

학습 내용 정리

1. 다음 설명에 O, X로 표시하라.

   ① 물건의 거래와는 달리 금융거래에는 계약이 필요하지 않다.

   ② 금융거래는 계약서를 작성하지 않으면 거래를 하지 않는 게 현명하다.

   ③ 약관은 공급자(사업자)가 다수의 고객과 계약을 체결하기 위하여 일정한 형식에 따라 미리 만들어 놓은 것을 말한다.

   ④ 투자정보는 크게 일반 대중들이 쉽게 접할 수 있는 공개된 형태와 전문가가 아니라면 접근하기 어려운 비공개 형태로 나눌 수 있다.

   ⑤ 일반적으로 정부, 전문가 집단 등의 공신력 있는 기관이 만든 정보보다 아는 사람의 정보가 더욱 신뢰성이 높다.

2. 다음 사항을 규율하기 위하여(시장의 질서를 바로잡기 위하여) 만들어진 법의 명칭은?

   약관을 작성하는 사업자가 유리한 약관을 작성해 놓고 계약을 체결하는 경우, 약관의 세부 내용을 잘 모르는 고객은 이에 일방적으로 따라야 하므로 피해를 볼 수도 있다. 이 때문에 정부는 불공정한 약관을 법률로 규제하고 있다.

정답 및 해설

1. ① X(금융거래일수록 계약이 필요하다) ② O ③ O ④ O ⑤ X

2. 약관의 규제에 관한 법률

논술 연습

1. 금융정보의 신뢰성 평가 기준을 만들어보라.

2. 금융거래 약관의 법적 규제 이유

해설 및 답안

1. 금융정보의 신뢰성 평가 기준

  ① 누가(개인? 전문가? 금융기관? 정부?)

  ② 언제(정보의 시의성)

  ③ 어떤 목적으로(접근 이유, 또는 정보 유포 이유)

  ④ 얼마나 높은 수익률을 보장하는가?(제시 수익률의 적정성)

2. 금융거래 약관의 법적 규제 이유

  ① **금융약관** : 금융상품 사업자(또는 공급자)가 다수의 상대방(고객)과 계약
   을 체결하기 위해 미리 정해놓은 거래조건.

  ② **법률 제정의 목적** : 약관을 작성하는 사업자가 유리한 약관을 작성해 놓
   고 계약을 체결하는 경우, 약관의 세부 내용을 잘 모르는 고객은 이에 일
   방적으로 따라야 하므로 피해를 볼 수도 있다. 이 때문에 정부는 불공정
   한 약관을 법률로 규제하고 있다.

5. 금융상품

▌요구불(要求拂)예금

예금자가 지급을 원하면 조건 없이 즉시 지급하는 예금으로, 은행 입장에서
는 비용이 많이 들기 때문에 이자를 거의 안 주는 편이다.

- ●보통예금 : 가입대상, 예치금액, 예치기간, 입출금 회수 등에 제한을 두지
  않고 자유롭게 거래하는 예금. 현금카드를 발급받아 CD, ATM 등을 통해
  사용한다.

▌저축성예금

예금자가 약정한 기간이 지난 후에 현금과 이자를 찾아가기로 약정하는 예금
으로 보통예금보다 이자율이 높다.

- ●정기예금 : 묶돈(여유자금) 불리기. 정기예금 금리는 은행 예금 금리의 기준
  으로 사용되고 있다.
- ●정기적금 : 티끌 모아 태산

▌CP

Commercial Paper. 기업어음. 신용도가 높은 기업이 단기 자금을 융통하기
위해 발행한 융통어음.

▌CD

Certificate of Deposit. 은행이 정기예금에 대해 발행하는 무기명잔고증명
서. 양도가 가능하다. 만기 시 최초의 매입자 확인절차를 거치지 않고 증서 제
시자에게 액면 금액을 지급한다.

▌주식

어떤 회사에 자금을 투자한 사람에게 그 대가로 발행하는, 일종의 소유지분
을 기록한 증서다. 주식을 소유한 사람은 주주가 되면서 기업의 이익배당 권

리를 행사할 수 있다.

→ 경영참가 가능(의결권 행사)

▌채권

차용증서. 국가나 공공기관, 금융회사, 기업 등이 미래에 일정한 이자를 지급할 것을 약속하고 돈을 빌린 후 제공하는 증서. 채권을 보유하면 발행기관에서 약속한 이자 외에 이를 되팔아서 차익을 얻을 수 있다.

→ 경영참가 불가(이자만 수취)

▌펀드

투자자들로부터 모은 자금을 전문적인 운용기관이 주식이나 채권 등에 투자하여 그 결과를 투자자들에게 돌려주는 간접투자 상품. 적은 돈으로 투자할 수 있으며, 전문가가 투자를 대신하는 장점이 있다.

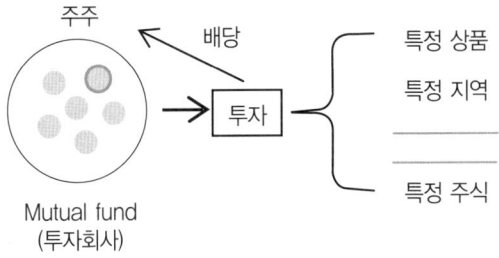

▌보험

가입자들이 미래에 발생할 수 있는 위험에 대비할 수 있도록 보험회사에 보험료를 납부하여 기금을 만든 후 사고를 당한 사람에게 지급하는 제도. 보험은 위험보상 외에 금융상품으로서의 기능도 가지고 있다.

▌연금

노후에 대비하여 저축하는 금융상품. 노후에 10년 이상 장기간에 걸쳐 지속적으로 일정 금액을 받을 수 있다.

학습 내용 정리

1. 다음 설명에 O, X로 표시하라
   ① 모든 금융상품은 예금자 보호법에 의해 보호를 받을 수 있다.
   ② 은행에 돈을 맡겨 두는 기간에 따라 이자율이 차이가 난다.
   ③ 수시로 맡기고 수시로 찾아 쓸 목적을 가진 예금이 요구불예금으로, 저축성 예금보다 이자가 싸다.
   ④ 채권은 투자자들이 모은 자금을 전문적인 기관이 운용하며 그 수익을 투자자들에게 돌려주는 금융상품이다.

2. 다음의 각각에 맞는 금융상품을 골라라.
   ① 은진이가 전국 미술대회에서 대상을 받아 상금 300만 원을 받았다면, 이 돈을 결혼 밑천으로 사용하기까지 (적금, 정기예금, 요구불예금)에 가입하는 것이 좋다.
   ② 은진이가 은행업무 시간이 지나 CD나 ATM 같은 현금인출기를 통해 현금을 찾으려면 (적금, 정기예금, 요구불예금)에 가입하는 것이 좋다.
   ③ 은진이가 디지털카메라를 사기 위해 50만 원을 모으려면 (적금, 정기예금, 요구불예금)에 가입하는 것이 유리하다.

정답 및 해설

1. ① X(실적배당형 상품은 보호대상에서 제외된다) ② O(대체로 장기예금이 이자율이 높다) ③ O ④ X(펀드에 대한 설명이다)
2. ① 정기예금 ② 요구불예금 ③ 적금

금융감독원 '금융이해력 측정문제' 풀이

1. 저축상품의 종류

다음 중 필요할 때마다 수시로 돈을 찾아 쓸 수 있는 저축 상품은 어느 것입니까?

① 요구불 예금
② 정기예금
③ 정기적금
④ 금전신탁

2. 저축수단별 특성

많은 사람은 예기치 못한 지출에 대비해 비상자금을 저축합니다. 다음 중 비상자금으로 쓸 돈을 저축하기에 가장 적합하지 않은 것은 무엇입니까?

① 연금저축
② 보통예금
③ 정기예금
④ 수익증권

3. 퇴직연금에 대한 이해

다음 중 기업이 매년 근로자의 퇴직금에 해당하는 금액을 외부의 금융회사에 적립한 후 근로자가 퇴직할 때 연금 또는 일시금으로 받는 은퇴소득은 무엇입니까?

① 퇴직연금
② 개인연금
③ 고용보험금
④ 산재보험금

정답 : 1. ① 2. ① 3. ①

6. 투자와 위험관리

▌투자
미래의 불확실한 富를 얻기 위해서 현재의 富를 희생시키는 대가.
- 투기 : 기회를 틈타 큰 이득을 보려고 하는 비정상적이며 비윤리적 행위.

▌투자 고려 3요소
- 안전성의 문제 : 투자 원금과 발생 이자를 손실 없이 회수할 수 있느냐의 문제.
- 수익성의 문제 : 적정 수익률 보장.
- 환금성의 문제 : 필요할 때 손실 없이 현금으로 회수할 가능성(유동성이라고도 한다).

▌위험자산 vs 안전자산
- 위험 자산 : Risky asset. 일정 기간의 투자수익률이 사전에 불확정적인 투자자산(증권)을 말한다. 주식은 등락이 심하므로 전형적인 위험자산에 속한다. 사채도 원금지급불능(채무불이행) 위험을 동반하므로 위험자산이다.
- 안전 자산 : Risk-free assets. 무위험 자산(unrisky assets)이라고도 한다. 채무불이행 위험이 없는 자산을 말한다. 국채는 원금지급이 거의 확실하므로 투자기간과 만기기간이 일치하는 한 무위험 자산(안전자산)이라고 할 수 있다.

▌High risk, High return
높은 수익을 기대하면 그만큼의 위험을 감수해야 하고, 안정성을 바란다면 그만큼의 수익을 포기해야 한다.
- 수익률과 위험도 : 수익률이 높은 투자는 그만큼 위험도가 높다.

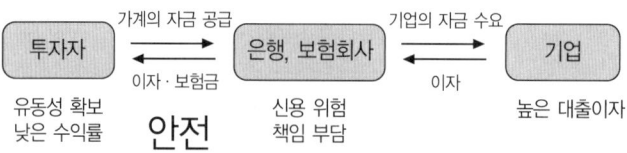

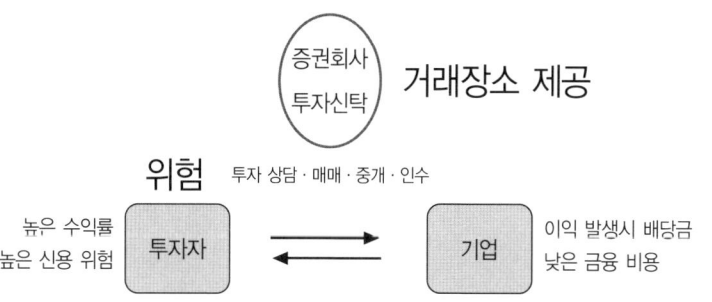

▌투자 수반 위험

- ●시장 위험 : 금리, 환율, 주가 변동과 같이 시장가격의 변화에 따른 위험.
- ●결제 위험 : 상품 거래 미결제 위험.
- ●신용 위험 : 계약 상대방의 계약의무 불이행에 따른 손실.
- ●유동성 위험 : 필요할 때 현금으로 전환하는 데 따른 위험(환금성 위험).
- ●시스템 위험 : 발생 사고의 연쇄 파급효과.
- ●수익률 변동 위험 : 수익률 변동에 따른 손실 위험.
- ●법적 위험 : 거래를 무효화시키는 법적 판결 및 규제기관의 조치에 따른 손실의 가능성.

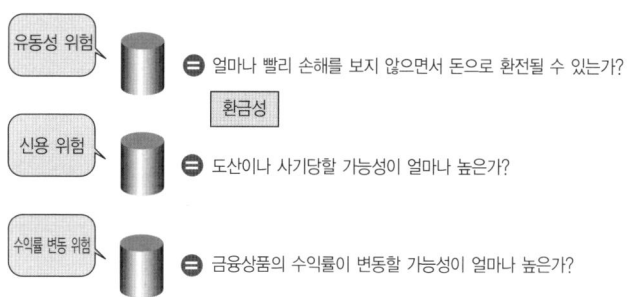

▌시장 위험의 유형

- ●금리 위험 : 예금은 고정금리 가입 후 시장금리가 급상승하는 경우 그 차이만큼 손실 발생.
- ●인플레이션 위험 : 화폐의 구매력위험. 인플레이션(물가상승)이 발생하면 자산가치 변동으로 인해 은행 예금과 같은 안전자산으로부터 얻는 수익은

극히 저조해진다. 따라서 은행예금이나 국채와 같은 안전자산 보유는 큰 손실을 보는 반면 부동산 같은 위험자산은 큰 이득을 보게 된다.

▌투자대상 자산의 특성
- ●부동산 : 기대 인플레이션이 높은 대표 자산. 그러나 2012년 현재 하우스 푸어(house poor)족 등장. 거래문제 때문에 환금성이 떨어진다. 즉, 급매물은 매도 호가(판매 희망 가격)를 낮춰야 거래가 성사된다.
- ●주식 : 대표적 위험자산. 따라서 수익성 측면에서 기대치가 높은 만큼 손실 가능성도 높다. 환금성 측면에서 은행예금보다 불리하고 부동산보다는 높다.
- ●채권 : 국채는 원금 손실 가능성이 낮지만 회사채는 발행회사가 부도나는 경우 원금보전이 어렵다. 인플레이션이 발생하는 경우 은행의 예금과 같은 손실을 초래한다.
- ●은행예금 : 안전성이 높지만 수익성을 낮은 편이다. 대신 환금성이 우수하다.

투자 수단	안전성	수익성	환금성
부동산	고	중	저
주식	저	고	중
은행 예금	고	저	고
채권	고	저	고

▌리스크 관리
위험 통제

▌포트폴리오
Portfolio. 원래는 '서류가방' 또는 '자료 수집 철'을 뜻하지만, 일반적으로는 투자에서 여러 종목에 분산투자하는 방법을 일컫는다.
- ●포트폴리오의 목적 : 위험 분산 ○ 높은 수익 달성 ×

학습 내용 정리

1. 다음 설명에 O, X로 표시하라

   ① 투자를 결정하기 위해서는 투자의 안전성, 수익성, 환금성을 고려해야 한다.

   ② 투자는 경기상태, 금리 및 물가의 변동과 관련이 없다.

   ③ 분산투자를 하면 은행예금, 주식, 부동산 등에서 손해를 입더라도 다른 투자 자산에서 손실을 보충할 기회를 갖게 된다.

   ④ 은행상품은 이자율이 높을수록, 만기가 길수록, 복리를 적용할 때 수익성이 낮다.

   ⑤ 복리식 계산법에는 1개월, 3개월, 6개월마다 한 번씩 이자를 계산하는 방식을 이용하는데 그 기간이 짧을수록 원금에 이자가 더 빨리 가산되어 복리효과는 커진다.

   ⑥ 일반적으로 수익성이 높은 금융자산은 안전성이 낮은 편이다.

   ⑦ 내가 직접 기업과 거래를 한다면 위험은 전문가를 통한 경우보다 늘어난다.

   ⑧ 개인이 직접 기업과 거래를 하지 못하는 이유는 일반적으로 기업이 원하는 액수와 기간만큼 개인이 충족을 시켜주지 못하기 때문이다.

   ⑨ 가지고 있는 돈을 전부 부동산에 투자하면 유동성 위험에 빠질 수 있다.

   ⑩ 세뱃돈으로 받은 10만 원을 모두 정기 예금했다면 유동성 위험이 생길 수 있다.

   ⑪ 현금이 있으나 신용카드로 물건값을 지불했다면 현금을 보유하게 돼 자산 가치 변동위험을 줄일 수 있다.

   ⑫ 일반적으로 유동성 위험이 큰 예금 상품은 이자가 적다.

2. 다음 보기의 각 투자대상 자산에 대한 위험 순위(큰 것부터 작은 것으로)를 정해보고, 그 이유를 밝혀라.

   > **투자 대상 자산 : 부동산, 주식, 회사채, 은행 예금**

① 인플레이션 위험 순 ② 환금성(유동성) 위험 순 ③ 원금 손실 위험 순

3. 다음을 투자와 투기로 구분해보라.
  ① 은행에서 융자를 받아 아파트를 구매한 지 1주일 안에 다시 팔았다.
  ② 새로운 산업개발을 앞둔 지역을 찾아다니며 땅을 구입한 후 개발이 시작되면 처분해 많은 이익을 남겼다.
  ③ 가지고 있던 주식을 1년 후에 팔아서 10%의 수익률을 올렸다.

4. 다음은 투자 원칙에 대한 설명이다. O, X로 표시하라.
  ① 수익률이 높은 자산을 중심으로 투자한다.
  ② 포트폴리오를 작성하여 금융자산의 위험성을 분산시킨다.
  ③ 될 수 있으면 유동성이 낮은 자산을 선택하여 자산을 축적한다.

정답 및 해설

1. ① O(투자 고려 3요소) ② X(시장위험과 밀접한 관련이 있다) ③ O(포트폴리오의 목적) ④ X(높다) ⑤ O(복리계산은 기간단위가 짧을수록 유리하다) ⑥ O(하이 리스크, 하이 리턴) ⑦ O(위험을 낮추기 위해서 전문가에게 투자를 맡긴다) ⑧ O(그 이유로 간접금융이 발전했다) ⑨ O(투자대상 가운데 부동산이 환금성이 가장 낮은 편이다) ⑩ O(정기예금은 정해진 기간 안에 해지하는 경우 위약금을 물게 되거나 약정이자가 거의 없어진다) ⑪ X(신용카드를 통한 구매 대금과 사용 수수료를 부담해야 하므로 손실이 더 커진다. 손실은 결국 위험의 결과다) ⑫ X(하이 리스크, 하이 리턴)

2. ① 인플레이션에 의한 자산 손실 : 가장 안전한 것이 가장 큰 손실로 나타난다.
    ▷인플레이션 위험 순 : 은행상품 〉회사채 〉주식 〉부동산
  ② 필요할 때 회수가 더딘 자산 : 거래가 어려울수록 환금성이 떨어진다.
    ▷환금성 위험 순 : 부동산 〉주식 〉회사채 〉은행예금
  ③ 원금을 잃을 가능성이 높은 자산 : 위험자산일수록 원금손실 가능성이 높다.
    ▷원금을 잃을 위험 순 : 주식 〉부동산 〉회사채 〉은행예금

3. ① 투기 ② 투기 ③ 투자

4. ① O ② O ③ O

논술 연습

다음의 각 위험에 대해 설명해보라.

　1. 신용 위험
　2. 유동성 위험
　3. 수익률 위험

해설 및 답안

1. 신용 위험 : 계약 상대방의 계약의무 불이행에 따른 손실 가능성
2. 유동성 위험 : 필요할 때 현금으로 전환하지 못하는 데 따른 손실 가능성
3. 수익률 위험 : 금융상품의 수익률 변동에 따른 손실 가능성

금융감독원 '금융이해력 측정문제' 풀이

1. 수익률에 대한 이해

　이기동 씨와 고다해 씨 부부는 아이 출산을 기념해 아이의 대학교육에 쓸 자금으로 생각하고 1,000만 원을 18년 동안 투자하기로 하였습니다. 다음 중 가장 높은 기대수익률을 예상할 수 있는 투자 안은 어느 것일까요?

① 채권투자 상품
② 보통예금 상품
③ 정기예금 상품
④ 주식투자 관련 상품

※ 해설 : 위험자산 – High risk, High return

2. 안전성에 대한 이해

수빈이는 아르바이트로 모은 돈 300만 원을 내년에 대학등록금으로 쓰기 위해 모두 저축하기로 계획을 세웠습니다. 다음 중 이를 위한 가장 안전한 저축 방안은 어떤 것입니까?

① 주식투자
② 펀드투자
③ 은행 정기예금
④ 이웃에게 빌려주기

※ 해설 : 안전자산 – Low risk, low return

3. 투자 위험 요소에 대한 이해

투자를 할 때 우선으로 생각해야 하는 다음의 항목들에 관한 내용을 잘못 설명한 것은 무엇입니까?

① 안전성 : 투자한 원금이 손해가 나지 않을 가능성
② 수익성 : 일정 기간 투자한 결과 생기는 이익의 정도
③ 환금성 : 거래되는 시장에서 투자위험을 피해 갈 정도
④ 유동성 : 필요할 때 쉽게 손실 없이 현금으로 바꿀 가능성

※ 해설 : 환금성은 필요할 때 손실 없이 돈을 회수할 수 있는 가능성을 뜻한다.

정답 : 1. ④   2. ③   3. ③

7. 금융사기

금융사기

금융거래에서 사람을 속이거나 착각하게 만들어 이득을 취하려는 불법 행동.
다단계 피라미드 금융, 보험 사기, 허위 투자 설명회, 보이스피싱 등이 대표적
이다.

금융사기 유형

- Voice phishing : 흔히 전화금융사기단으로 일컬어지는 보이스피싱은 음성
  (voice)과 개인정보(private data), 낚시(fishing)를 합성한 신조어로, 전화
  로 불법적으로 신용카드 번호나 개인정보를 빼내서 사용되는 신종범죄.
- Pharming : 합법적으로 소유하고 있던 사용자의 도메인을 탈취하거나 도
  메인 네임 시스템(DNS) 또는 프락시 서버의 주소를 변조함으로써 사용자
  들로 하여금 진짜 사이트로 오인하여 접속하도록 유도한 뒤에 개인정보를
  훔치는 새로운 컴퓨터 범죄 수법. '피싱(Phishing)'에 이어 등장한 새로운
  인터넷 사기 수법이다. 넓은 의미에서는 피싱의 한 유형으로서 피싱보다 한
  단계 진화한 형태라고 할 수 있다. 그 차이점은 피싱은 금융기관 등의 웹사
  이트에서 보낸 이메일로 위장하여 사용자로 하여금 접속하도록 유도한 뒤
  개인정보를 빼내는 방식이지만, 파밍은 해당 사이트가 공식적으로 운영하
  고 있던 도메인 자체를 중간에서 탈취하는 수법이다.
- Smishing : SMS와 피싱(Phishing)의 합성어. 문자메시지를 이용한 새로
  운 휴대폰 해킹 기법. 은행을 사칭한 휴대전화 문자메시지(SMS)를 보내 악
  성 코드가 깔린 인터넷사이트로 접속을 유도한 뒤 빼낸 개인금융정보를 이
  용해 돈을 가로채는 수법이다.

유사수신행위

은행법, 저축은행법 등에 따라 인가나 허가를 받지 않거나 등록·신고 등을
하지 않은 상태에서 불특정 다수에게서 자금을 조달하는 행위를 말한다.

●유사금융업 : 금융 다단계 형태로 계를 조직해 자금을 끌어모으는 방법. 우리나라 법에는 수신(예금)업무에 제한을 두고 있다.

▌Ponzi Scheme

고수익 보장 내걸고 투자자를 모집한 뒤 행적을 감추는 금융 사기수법의 하나.
●美 법원, 금융다단계 사기범에 징역 110년형 : 70억 달러(한화 81조 원) 규모의 폰지사기(금융 다단계) 사건에 대해 미 법원이 징역 110년 형을 선고했다.

▌지불수단(지급결제수단)

현금, 어음·수표, 전자화폐, 신용카드, 직불카드, 체크카드, 전자금융(인터넷뱅킹, 폰뱅킹), 지로, 이체(CMS) 등.

● CD : Cash Dispenser. 고객이 금융기관 등으로부터 발급받은 현금카드를 이용하여 현금인출, 계좌이체, 잔액조회 등을 할 수 있는 무인단말기.

● ATM : Automated Teller Machine. 현금자동입출기로 예금과 출금 기능을 수행한다. ATM은 CD 기능 외에 통장을 이용한 거래나 현금 또는 수표 등의 입금거래 등도 가능한 무인단말기를 말한다. ATM과 CD를 통틀어 '금융자동화기기'라 부른다.

▌전자금융

금융 업무에 컴퓨터 및 정보통신기술을 적용하여 자동화·전자화를 구현하는 것이다. 전자금융의 수단으로는 홈뱅킹, 펌뱅킹 등의 PC뱅킹과 전화기를 이용한 폰뱅킹이 주로 이용되었으나, 최근에는 정보처리 기술 및 통신기술을 활용한 각종 전자금융서비스의 개발이 이루어짐으로써 시간적·공간적 제약 없이 금융서비스를 이용할 수 있게 되었다.

▌전자금융 보안사고의 특징

전자화된 지급수단 중심의 지급결제 환경에서 발생하는 금융보안 사고는 전자적 장치를 이용한 비대면 거래라는 전자금융거래의 특성으로 전체 소액결제시스템의 안전성에 영향을 미친다.

● 전자식 : 광범위, 반복성

● 장표 방식 : 1회성

▌전자금융 보안사고 영향

● 금융거래 일시 중단

- 전자금융시스템 사용 기피
- 전자금융시스템의 안정성 훼손
- 전자금융시스템의 효율성을 저하

▌금융보안사고 대책

전자화된 지급수단은 IT기술을 바탕으로 여러 방식의 접근매체 및 전자적 장치를 이용하여 거래가 이루어짐에 따라 다양한 거래 및 저장 단계에서 해킹 등의 불법적인 기술에 노출되는 것이 불가피하며, 동 불법기술의 개발속도도 매우 빠르게 진행되고 있다. 이에 따라 지급수단 관련 보안사고를 근본적으로 방지하기 위해서는 해당 지급수단의 보안성을 강화하는 노력 외에는 사용자와 이해 당사자의 공동 노력이 요구된다.

- 지연 인출제도 : 은행 고객이 300만 원 이상 계좌이체를 할 때 입금된 뒤 10분이 지나야 돈을 찾을 수 있게 한 제도. 또 300만 원 이상의 카드론 대출은 휴대전화 문자로 대출 승인이 안내된 뒤 두 시간이 지나야 입금이 이뤄진다. 카드론 인출 지연 조치는 필요성에 대해서는 인정되지만, 시장을 위축시킬 가능성을 내포하고 있다.
- OTP : One Time Password. 1회용 비밀번호

▌대포통장

타인의 개인 정보를 입수(거래 또는 불법 수집)해 만드는 불법 통장. 통장 개설자와 사용자가 다른 경우(금융실명제 위반).

▌은행 인터넷 사이트 이용 시 유의사항

- 사이트 가입 : 로그인 비밀번호와 공인인증서, 계좌, 신용카드, 비밀번호 등은 다르게 설정
- 비밀번호 관리 : 설정된 비밀번호의 절대 노출 금지.
- SMS 신청 : 전자금융을 이용한 계좌이체 내역, 신용카드 사용내역 등 전자금융 이용내역을 실시간으로 알려주는 SMS(문자메시지서비스)를 신청하여 피싱 사고 방지.

●피싱 확인 : 은행 사이트 방문 시 항상 잔액 먼저 조회. 가짜 은행 사이트는 잔액조회 불가.

공인인증서

인터넷 뱅킹 등에서 신원확인 및 거래사실을 증명하는 전자인감.

●주의 사항 : USB 등 이동식 저장장치 사용(전자우편, 웹하드 보관 금지).

전자금융 사고 대응책

●정부 : 전자금융 사고 대비 법률 제정과 시스템 정비.

●금융회사 : 전자금융 시스템의 안정성 확보와 지속적 보안관리.

●개인 : 철저한 이용방법 숙지, SMS 등 사고대비 보안책 강구, 지속적인 사이트 방문 및 조회 · 확인.

학습 내용 정리

1. 다음 설명에 O, X로 표시하라.
  ① 보이스 피싱은 음성수단을 이용해 개인정보를 탈취한 다음 피해를 주는
    사기수법이다.
  ② 보이스 피싱은 적은 돈으로 많은 돈을 벌려는 일부의 사람들이 주로 피해
    를 보는 것으로, 대부분의 일반인에게는 큰 영향을 미치지 않는다.
  ③ 개인정보가 유출되었더라도 속아서 송금하지 않기만 하면 실제 피해는
    발생하지 않는다.

정답 및 해설
① O　② X(반대로 설명하고 있다)　③ X(유출된 정보는 대포통장 등 악의적 목적
에 사용될 수도 있다)

논술 연습

다음에 대해 간략하게 설명하시오.

  1. 대포통장
  2. 보이스 피싱

해설 및 답안

1. 대포통장
  제3자 이름을 도용해 만든 통장으로, 통장 명의자와 실제 사용자가 다른 통장이
  다. 금융거래 경로를 추적을 피할 수 있어서 금융사기나 탈세에 주로 이용된다.

최근에는 불법으로 수집한 개인정보를 이용해 만드는 사례도 나타나고 있다.

2. 보이스피싱

전화와 같은 음성수단(voice)을 통해 개인 정보를 탈취, 피해를 주는 사기수법을 말한다. 카드 번호나 주민 번호 등의 개인정보를 불법적으로 알아낸 후 이를 범죄에 이용하는 사기수법인 피싱(phishing)에서 한 단계 더 발전된 수법이다.

금융감독원 '금융이해력 측정문제' 풀이

1. 지불수단(지급결제 수단)

다음 중 일반적인 지불수단으로 사용되고 있지 않은 것은 무엇입니까?

① 직불카드

② 신용카드

③ 양도성예금증서(CD)

④ 수표

※ 해설 : CD는 두 가지 뜻이 있다. 하나는 전자금융 기기인 현금지급기이며, 다른 하나는 금융상품 가운데 무기명 양도성예금증서를 뜻한다.

2. 금융자동화기기 사용법

다음은 현금자동인출기(ATM)에서 사용하는 현금카드에 대한 설명입니다. 이 중 옳지 않은 것은 무엇입니까?

① ATM을 통해 현금카드로 현금을 인출하기 위해서는 은행계좌가 있어야 한다.

② 현금카드가 있으면 수수료 없이 전 세계 어디에서나 현금을 인출할 수 있다.

③ 현금카드가 있으면 ATM을 통해 통장잔액이나 입출금 정보 등을 알아볼 수 있다.

④ ATM이 있는 곳에서는 현금카드를 이용하여 일반적으로 24시간 언제나

현금을 찾을 수 있다.

※ 해설 : ② 현금카드 수수료는 당행은 수수료가 없을 수도 있으나 타행은 수수료를 부담해야 한다.

3. 금융거래 시 주의사항

다음 중 은행에서 예금계좌를 개설할 때 주의사항을 잘 지키지 못한 사람은 누구일까요?

① 민규는 가입하고자 하는 예금의 거래 약관을 읽어보았다.

② 수빈이는 통장과 카드에 비밀번호를 알아보기 쉽게 적어두었다.

③ 민수는 이자계산방식이 금융상품에 따라 다르다는 것을 알고 다양한 상품들을 비교해 보았다.

④ 민주는 본인 확인을 위해 신분증을 가지고 갔다.

※ 해설 : ② 비밀번호를 알아보기 쉽게 적어두면 노출 위험이 생긴다.

정답 : 1. ③   2. ②   3. ②

9. 신용거래와 신용정보 관리

█ 신용거래
장치 갚기로 하고 현재 현금, 상품 및 서비스를 받기로 하는 계약 행위.

█ 신용정보
금융거래 등 상거래에 있어서 거래 상대방에 대한 신용도신용거래능력 등의 판단에 필요한 정보.
- ●신용정보의 사용 : 신용거래 시 거래업체가 소비자의 신용을 파악하거나 대출, 신용카드 발급, 이동통신 개설 등 경제활동 전반에 이용되고 있다.
- ●신용정보의 경제적 가치 : 현대사회에서 신용이란 하나의 자산관리 도구로 활용되고 있기 때문에 적절한 신용관리는 생활의 유용한 수단이 되고 있다.
- ●CB 社 : Credit Bureau. 은행, 카드사, 보험사, 캐피탈, 저축은행 등의 금융 기관과 백화점, 통신사, 전기 · 가스회사 등의 비금융기관, 그리고 국세, 관세, 지방세 등 공공기관이 제공하는 신용거래내역 및 관련정보를 수집하고 평가하는 소비자신용평가회사.

█ 신용정보의 확인
- ●거래금융기관 : 방문하거나 홈페이지에서 확인 가능.
- ●신용정보회사(CB 회사, Credit Bureau) : 직접 방문하거나 홈페이지에서 확인 가능. 금융권 및 비금융권의 신용불량 정보와 신용조회 기록 등 조회 가능(유료서비스).
- ●은행연합회 : 금융권의 신용정보와 불량거래 정보 등 확인 가능.

█ 신용위험 방지 노력
- ●금융소비자의 의무.
- ●각종 개인정보와 통장 · 신용카드 비밀번호 외부 노출 방지 노력.
- ●신용카드 수령 후 서명 필수.

●이사, 직장 변경 등에 의한 정보변경 금융기관 통보 필수.

▌신용등급
개인에 대한 각종 신용 정보를 종합평가하여 1~10등급으로 구분한 것.

▌신용등급 관리 노력
주거래은행 지정, 연체상환은 오래된 것부터, 불필요한 신용카드 해지, 보증 거절, 카드 대금 선 결제 노력, 자동이체 필수, 본인 신용등급 상태 주기적 확인 등.

▌신용불량
신용이란 미래의 지불능력에 대한 사회적 약속의미. 따라서 미래의 약속에 대한 지불능력이 상실되는 경우 경제활동에 제한을 받게 된다.
●신용불량 등록 : 법에 의거 본인의 동의 없이 전국은행연합회 등록 가능.
●신용불량자의 불이익 : 대출금 상환, 신규대출 제한, 취업제한, 비자발급 제한, 소득 압류 등의 경제적 불이익과 사회적 낙인 초래.
●신용불량 등록 해지 및 사후 관리 : 해제 후 최장 5년까지 신용불량 기록 관리.

▌신용불량 통합관리의 문제점과 신용불량자 제도 폐지
은행, 신용카드 회사 등의 금융회사가 차별화된 고객을 대상으로 영업하고 있음에도 일률적인 기준에 따른 적용으로 신용불량으로 등록되면 '신용 이용 불가 → 채무 증가 → 채무불이행 → 사회적 비용 발생' 등의 악순환 발생.
●신용불량자 등록제도 폐지 : 각 금융회사가 자체 기준에 따라 연체자 관리.
●개인 신용정보 통합 관리 폐지 : 신용불량자 등록제도에 의한 금융회사 정보 공유 폐지. 대신 CB사를 통한 개별 정보 수시 입수.

▌신용 구제 · 지원 제도(채무조정 제도)
●개인 work out : 연체 3개월 이상자 대상 채무조정. 단 수입원이 있어야 한다.
●Pre-work out : 연체 1개월 이상~3개월 이내인 자 대상 채무 조정.

▎개인회생 vs 개인파산

개인회생		개인파산
법원	결정주체	법원
일정액 5년간 변제 후 남은 빚 탕감	채무 조정 수준	남은 재산 청산하고 곧바로 면책
일정한 소득이 있는 사람	대상자	소득이 없거나 빚 규모에 비해 미미한 사람
담보 있으면 10억 원, 담보 없으면 5억 원 이내	채무 범위	제한 없음

학습 내용 정리

1. 다음 설명에 O, X로 표시하라
   ① 연체는 비합리적인 소비생활 외에 갑작스러운 경제위기 때문에 발생할 수도 있다.
   ② 자산 목록 가운데 현금화하기 쉬운 것을 순서대로 나열하면 '현금-주식-채권-부동산'의 순이다.
   ③ 신용회복위원회는 금융회사들이 자발적으로 협약을 통해 만든 기구다.
   ④ 법원에 개인파산 신청을 하면 총 채무액에 대해서는 제한이 전혀 없으며 사채도 포함된다.
   ⑤ 신용등급은 신용위험을 점수로 매긴 것으로, 점수가 높거나 1등급에 가까울수록 우량 고객이다.
   ⑥ 부동산을 많이 보유하면 신용등급을 높이는 데 도움이 된다.
   ⑦ 주거래 금융회사와 집중 거래하면 우수 고객으로 선정될 가능성이 높아진다.

2. 다음 (   )에 들어갈 표현은?
   ① 파산 선고를 받은 개인은 곧바로 (   ) 신청을 할 수 있으며, (   )(으)로부터 신청이 받아들여지면 앞으로 소득이 발생해도 더는 나머지 빚을 갚지 않아도 된다.
   ② 금융회사를 이용하는 사람이면 누구나 신용등급이 정해진다. 일반적으로 1등급부터 (   )등급까지 매겨지고 비우량 등급 고객은 돈을 빌리기도 어려우며, 대출이자율도 높게 매겨진다.

정답 및 해설

1. ① O   ② X(현금-채권-주식-부동산)   ③ X(신용회복위원회는 정부기구다)   ④ O
⑤ O   ⑥ X(신용등급은 재산보유액이 아닌 금융거래와 관련한 등급이다)   ⑦ O
2. ① 면책-법원   ② 10

논술 연습

다음 자료는 ○○ 은행의 신용등급별 대출이자 적용금리다. 이를 참고하여 다음 물음에 답히라.

은행 신용등급별 적용 대출 이자율

1등급 - 6.25%

2등급 - 7.25%

3등급 - 9.32%

4등급 - 11.85%

5등급 - 14.54%

6등급 - 16.17%

7등급 - 18.33%

8등급 - 20.13%

9등급 - 22.04%

10등급 - 22.84%

(가) 나신용 씨는 1등급 신용을 자랑하는 전문직 종사자이다. 1년 전에 사무실을 빌리기 위해 ○○ 은행에서 신용대출 5천만 원을 빌렸다.

(나) 나실패 씨는 벌이는 사업마다 망해서 10등급의 채무불량자다. 마지막 기회라고 생각하고 역시 ○○ 은행에서 정부 보증을 받아 5천만 원 신용대출을 겨우 빌려 작은 가게를 차렸다.

1. 나신용 씨와 나실패 씨는 모두 1년 만에 대출금 5천만 원을 갚으려 한다. 원금 외에 이자를 얼마나 더 내야 하는가?

2. 나신용 씨와 나실패 씨의 이자 차이는 얼마이며, 차이가 발생한 이유는 무엇인가?

해설 및 답안

  1. 나신용 씨 : 5,000만 원 + 5,000만 원 × 6.25% = 53,125,000원

    나실패 씨 : 5,000만 원 + 5,000만 원 × 22.84% = 61,142,000원

  2. 나신용 씨와 나실패 씨의 금액 차이 = 8,295,000원

    차이 발생 이유 : 신용등급

금융감독원 '금융이해력 측정문제' 풀이

1. 신용거래의 개념

다음 중 신용을 이용한 거래에 해당하는 것은 무엇일까요?

① 통장이체를 이용하여 온라인서점에서 책을 구입한 경우.

② 6개월 할부로 휴대폰을 구입한 경우.

③ 컴퓨터를 일시불로 구입한 경우.

④ 정기적금을 담보로 대출을 받은 경우.

※ 해설 : 신용거래는 외상거래를 뜻한다.

2. 신용카드 사용과 신용관리

여러분이 신용카드를 처음 발급받았다면 앞으로 신용한도를 늘리기 위해 신용을 쌓아 신용등급을 올리는 방법으로 가장 적절한 것은 다음 중 어느 것일까요?

① 신용카드를 발급받았더라도 되도록 사용하지 않는다.

② 신용카드회사들로부터 가급적 여러 장의 신용카드를 발급받아 사용한다.

③ 소액의 신용카드 대금이라도 연체하지 않도록 한다.

④ 신용카드 현금서비스는 주기적으로 사용하고 연체하지 않도록 한다.

※ 해설 : 신용관리는 연체관리라도 해도 과언이 아니다.

3. 신용정보(등급) 영향 요인

다음은 신용에 대한 설명입니다. 설명이 올바르지 않은 것은 무엇입니까?

① 휴대폰 요금을 기한 내에 내지 않으면 신용을 잃어 금융기관과 거래가 어려울 수도 있다.

② 내가 빚보증을 서준 사람이 빚을 갚지 못하면 내가 갚아야 한다.

③ 신용을 잃으면 신용카드를 발급받을 수가 없고 심지어 취직하기도 어려울 수 있다.

④ 세금은 금융거래가 아니므로 늦게 내도 신용도에는 영향을 미치지 않는다.

※ 해설 : 신용도에 미치는 정보는 금융거래를 비롯하여 세금, 공과금, 전화요금 등 거의 모든 거래정보라고 할 수 있다.

4. 정부의 구제 · 지원 제도

만일 대출금이 연체되어 '신용회복위원회' 와 같은 신용문제 상담기관에 갔을 때 받을 수 있는 도움은 다음 중 어느 것입니까?

① 모든 대출금을 상환할 수 있는 돈을 빌려줄 기관을 소개받는다.

② 부채를 청산할 수 있도록 정부의 보조금을 지원받게 해준다.

③ 본인의 승낙 없이 모든 신용카드를 취소해서 소비를 줄일 수 있게 해준다.

④ 대출기관과 상의하여 앞으로 돈을 갚을 수 있도록 새로운 부채상환계획을 세워준다.

※ 해설 : ①, ②, ③의 방법은 도덕적 해이 등 또 다른 문제를 불러일으킨다.

5. 신용정보와 신용등급 관리

다음은 개인의 신용정보 및 신용등급에 관련된 설명입니다. 이 중 설명이 바르지 않은 것은 어느 것입니까?

① 자신의 신용정보는 신용조회 회사를 통해 언제든지 확인할 수 있다.

② 언제든지 연체된 대출금을 갚는 즉시 신용등급이 회복된다.

③ 신용등급이 떨어지면 대출 이자율이 높아질 수 있다.

④ 백화점 구매대금이나 통신요금의 연체도 신용등급에 영향을 미칠 수 있다.

※해설 : ② 일정 기간이 지난 후에 회복된다.

정답 : 1. ② 2. ③ 3. ④ 4. ④ 5. ②

10. 신용카드

▌현금카드

현금인출카드. 은행에서 현금 자동 입출금기에서 해당 현금카드에 연결된 계좌에서 현금을 입금, 출금, 송금 등의 작업을 할 수 있게 하는 카드. 결제기능 ×

▌신용카드

소비자 신용의 일종이다. 카드 발행사와 계약을 체결한 회원은 가맹 소매점 등에서 상품을 지출 없이 구매할 수 있다.

- 발급대상 : 20세 이상으로 신용등급 6등급 이내인 자.
- 역할 : 현금과 수표의 대체 결제 수단(통화 ×, 결제 대체 수단 O).
- 기능 : 대금 지불 기능, 소비자 신용기능(현금서비스, 카드론).
- 제공서비스 : 신용카드는 현금을 대신하는 지불결제 수단으로 판매신용(외상 구매), 할부 신용(할부 구입), 현금대출(현금서비스), 대출(카드론) 등의 다양한 금융서비스를 제공하고 있다.
- 제공 혜택 : 이자나 수수료 지급 없이 최장 50여 일 정도의 신용을 제공하고 현금이 필요하면 현금서비스나 카드론으로 현금을 조달할 수 있으며, 각 카드사가 제공하는 다양한 부가서비스 혜택을 받을 수 있다.
- 신용카드의 판매신용과 할부신용 의미 : 미래 소득의 현재화 O, 구매력 자체의 증가 × → 외상 구입 = 부채 증가

▌신용카드 관리의무

신용카드는 명의 개설 본인만이 사용할 수 있다. 따라서 대여, 담보제공, 양도 등이 불가하므로 제3자가 사용해서는 안 된다.

- 신용카드 서명란의 서명 : 발급 즉시 서명. 미서명 시 도난, 분실에 의한 부정 사용 시 보상 제외.
- 사용등록 : 신용카드를 처음 발급받는 경우 사용정지 상태로 배송된다. 따라서 카드 사용을 위해서는 카드사 홈페이지, ARS, 영업점 방문 등을 통해

사용등록을 마친 후 사용 가능하다. 본인 직접 수령은 2~3일이 지나야 자동사용 등록된다.

- 도난·분실 사고 대처 요령 : 신용카드를 도난당하거나 분실하는 경우 즉시 카드사에 전화나 서면 신고해야 한다. 신고 접수일로부터 60일 전후에 사용된 금액에 대해서는 회원에게 과실이 있는 경우를 제외하고는 카드사로부터 보상을 받을 수 있다. 그러나 도난분실 사실을 인지하고서도(알고서도) 정당한 사유 없이 신고를 지연하여 부정 사용의 피해가 확대되는 경우 회원 과실에 의해 일어난 문제이므로 보상에서 제외될 수 있다.
- 도난·분실신고 시 카드회원이 손실을 부담해야 하는 경우 : 회원의 고의적 부정 사용의 경우, 카드란 미서명, 관리의무 소홀, 대여·양도·이용위임·담보제공·불법대출, 가족·동거인에 의한 부정 사용, 비밀번호 관리소홀에 의한 타인 사용, 명의도용(개인정보 관리소홀)에 의한 부정발급.
- 현금서비스 유의사항 : 쉽게 이용할 수 있으나 대출기간이 50여 일 정도의 단기 대출이며, 일반 신용대출보다 이자율이 높다.
- 카드론 유의사항 : 대출기간이 3~24개월로 현금서비스보다 사용 기간이 길지만, 현금서비스와 비슷한 이자율을 적용하고 있다.
- 신용카드 사용 해지 : 해지신고를 하지 않으면 연회비를 부담해야 하므로 반드시 카드사에 해지 신고한다.

▮ 신용카드 사용의 장점

- 현금을 소지하지 않아도 되므로 편리하다.
- 거래기록을 남기게 되므로 적절한 사용은 자신의 신용관리에 도움이 된다.
- 상품 구입 후 일정 기간 결제를 미룰 수 있어 이자 등의 이익을 얻을 수 있다.
- 일정 한도 초과사용 시 세금공제를 통한 절세수단으로 사용할 수 있다.
- 신용카드 사용액에 따른 각종 혜택(마일리지)을 받을 수 있다.

▮ 신용카드 사용의 단점

- 당장 현금 없이도 결제할 수 있기 때문에 충동구매나 과소비를 유발할 수 있다. 충동구매나 과소비는 신용불량의 원인이 되기도 한다.

●매년 일정 연회비를 부담하는 비용이 발생하며, 상품 구입 시 별도의 수수료가 제품 가격에 반영되므로 현금사용에 비해 비싸게 지불해야 하는 경우도 생긴다.

●신용정보 유출에 따른 피해 발생 우려.

▍Revolving system

회전결제 방식. 신용카드 이용대금의 일정 부분만 내면 나머지 대금은 다음 결제대상으로 자동 연장되는 결제방식.

▍선불카드

카드를 충전한 후, 충전금액만큼 가맹점에서 사용할 수 있는 카드를 말한다. 일정액의 현금을 미리 내고 구입한 뒤 그 액면 내에서 결제하는 방식이다.

▍체크카드

카드사에서 발급하는 것으로, 신용 카드 가맹점에서 신용카드와 동일하게 사용할 수 있으나, 일반적으로 신용 거래는 할 수 없다.

1. 다음 설명에 O, X로 표시하라.

　① 신용카드는 될 수 있으면 꼭 필요한 것으로 한 장만 쓰는 것이 좋다.

　② 사용하지 않는 신용카드는 집에 그냥 두고 다닌다.

　③ SMS 알리미 서비스를 이용한다.

　④ 신용카드 사용 가계부를 정기적으로 작성한다.

　⑤ 연말 정산에 모두 반영될 것이므로 신용카드만으로 결제한다.

　⑥ 카드대금 결제일은 하루라도 넘기지 않는 것이 좋다.

　⑦ 일시불보다는 할부를 이용한다.

　⑧ 수시로 나의 신용상태를 체크해 본다.

　⑨ 신상 정보가 변경되면 카드사에 즉시 알린다.

　⑩ 신용불량 예정통지를 받으면 최대한 빨리 해결한다.

정답 및 해설

① O　② X(도난 위험)　③ O　④ O ⑤ X(비용 발생)　⑥ O　⑦ X(할부 구입 비용발생)　⑧ O　⑨ O　⑩ O

논술 연습

다음에 대하여 간략하게 설명하시오.

　1. 신용카드 거래의 당사자

　2. 신용카드 사용에 드는 비용

　3. 신용카드 사용의 장단점

해설 및 답안

1. 신용카드 거래의 당사자

   카드사, 카드 소지자(고객), 가맹점

2. 신용카드 사용에 드는 비용

   연회비, 각종 수수료(할부 수수료, 연체 이자, 현금서비스 이자 등)

3. 신용카드 사용의 장단점

   ① 장점 : 현금을 소지하지 않아도 되는 편리함, 현금 분실이나 도난의 위험
   으로부터 안전, 자신의 신용도 제고에 따른 위급 자금 마련 가능, 절세, 부
   가서비스 혜택 등 다양.

   ② 단점 : 충동구매에 따른 과소비, 비용 발생, 정보노출에 따른 피해, 도난
   시 막대한 비해 발생(현금 도난 때보다 더욱 위험).

금융감독원 '금융이해력 측정문제' 풀이

1. 신용카드 종류

   카드를 사용할 때마다 자신의 예금계좌에서 즉시 현금을 지불하여 결제하는 것
   으로, 청소년도 발급이 가능한 카드는 다음 중 어떤 것입니까?

   ① 직불카드

   ② 선불카드

   ③ 신용카드

   ④ 교통카드

2. 신용카드 사용의 장단점

   김용만은 신용카드를 발급받기 전에 신용카드 사용의 장단점을 알아보았습니
   다. 다음 중 신용카드의 장점이 아닌 것은 무엇입니까?

   ① 세금을 절약할 수 있다.

   ② 청구대금을 제때 완납하면 카드사용에 따른 비용이 전혀 없다.

③ 일정 기간 동안 이자나 수수료를 내지 않아도 대금 납부를 미룰 수 있다.

④ 국내뿐만 아니라 해외에서도 사용할 수 있다.

3. 신용카드 사용과 발생 비용

다음의 신용카드 이용자들이 같은 금액의 카드대금을 결제한다고 가정했을 때 가장 많은 금융비용(수수료)을 지불해야 하는 사람은 누구입니까?

① 매달 신용카드 청구대금의 최소금액만 결제하는 연주.

② 매달 신용카드 청구대금의 최소금액만 결제하고, 여유가 생기면 더 결제하는 현정.

③ 보통은 신용카드 청구액을 전액 결제하지만, 현금이 부족할 때는 청구액 일부만을 결제하기도 하는 민규.

④ 신용카드대금 청구서를 받으면 즉시 전액을 결제하는 민수.

※해설 : ① 리볼빙

4. 신용카드 관리의무

신용카드를 사용하다 분실했을 때 그 사실을 안 즉시 은행이나 카드사에 신고해야 합니다. 다음 중 신고를 했더라도 보상을 받을 수 없는 경우는 어느 것입니까?

① 신고접수일로부터 60일 전 이후에 발생한 제3자의 카드 부정사용금액.

② 신고 시점 이후에 제3자가 이용한 현금서비스.

③ 카드회원의 동생이 사용하다 카드를 분실한 경우.

④ 카드뒷면에 서명을 하고 분실한 경우.

정답 : 1. ① 2. ③ 3. ① 4. ③

11. 금융관계 법과 제도

▌금융실명제

은행 예금이나 증권 투자 따위 금융 거래를 할 때에 실제 명의로 하여야 하며, 가명이나 무기명 거래는 인정하지 않는 제도.

▌자금세탁방지법

각종 범죄나 부정 비리로 조성된 자금을 깨끗한 돈으로 가장하는 것을 방지하기 위한 법이다.

▌휴면계좌

거래가 중지된 통장. 보통저축·기업자유·자유저축예금 등 입금과 출금이 자유로운 예금 중 잔액이 1만 원 미만인 통장은 1년 이상, 잔액이 1만 원 이상 5만 원 미만인 통장은 2년 이상, 잔액이 5만 원 이상 10만 원 미만인 통장은 3년 이상 거래가 없는 계좌를 말한다.

▌휴면보험금

보험계약 중에서 해지(실효) 또는 만기도래 후 관련 법률에 따라 소멸시효가 완성된 이후에도 찾아가지 않은 환급금과 보험금을 지칭한다.

▌휴면예금·보험금 소멸시효

휴면예금의 소멸시효는 은행예금 5년, 우체국예금 10년이다. 휴면보험금은 2년이다.

▌예금자보호제도와 보호 범위

금융기관이 영업정지 처분을 받거나 파산하는 경우 예금보험공사가 금융 기관을 대신하여 지급하는 제도. 1인당 원금과 소정의 이자를 포함하여 금융 기관별 최고 5천만 원까지이다.

● 보호 대상 예금 : CMA, 개인 계약보험 등.

● 비보호 대상 예금 : CD, RP, 농·수협중앙회공제상품, 실적배당상품, 법인
  계약보험(퇴직보험 제외), 재보험, 변액보험, 우체국예금 등. 실적배당형 금
  융상품은 투자 목적이므로 대상에서 제외되며, 우체국예금은 정부에서 보
  장하기 때문에 제외된다.

● 예금보험가입 금융기관 : 은행, 증권회사, 보험회사, 종금사, 상호저축은행
  등 5개 금융기관.

학습 내용 정리

1. 다음 설명에 O, X로 표시하라
   ① 예금자보호제도는 저축을 통해 성실하게 자산을 관리한 예금자를 보호하기 위한 제도이므로, 예금 금액 전부를 보장한다.
   ② 예금자보호제도는 같은 종류의 위험을 가진 사람들이 평소 기금을 적립하여 만약의 사고에 대비한다는 보험의 원리를 이용하여 만든 제도다.
   ③ 국가가 관리 및 감독하는 모든 금융회사는 예금자 보호법상의 보호대상 금융회사가 된다.
   ④ 나저축 씨는 A 저축은행의 서울지점에 3,500만 원, 대전지점에 7,500만 원의 정기예금에 가입해 있었는데, 어느 날 갑자기 A 저축은행이 지급불능사태에 이르렀을 때 나저축 씨가 받을 수 있는 예금자 보호법상의 보장 금액은 전체 서울지점 3,000만 원, 대전지점 5,000만 원 등 합계 8,000만 원이다.

2. 다음 예시된 금융상품 가운데 예금자보호법의 보호대상을 골라라.
   ① 연금보험
   ② 우체국 정기예금
   ③ 증권회사 수익증권
   ④ 증권회사의 원금보장형 신탁상품
   ⑤ 저축은행에서 발급한 후순위채권
   ⑥ 보험사의 변액보험
   ⑦ 주택청약저축

정답 및 해설

1. ① X(금융기관별 원금과 이자 포함 5천만원)   ② O   ③ X(은행, 증권회사, 보험회사, 종금사, 상호저축은행 등 5개 금융기관만 대상이다)   ④ X(전체 5,000만원. 지점은 같은 금융기관이다)

2. ① O   ② X   ③ X   ④ X(법에 따른 원금보장이 아니라 증권회사 자체적으로 원금을 보장하는 상품이다)   ⑤ X(후순위 채권은 비해당)   ⑥ X(변액보험은 보호대상이 아니다)   ⑦ O

논술 연습

최근 저축은행 사태로 피해를 보고 있는 서민들이 늘고 있다. 이들은 대개 예금자보호 대상 금액 이상을 예금한 것으로 드러나 피해는 더 커질 전망이다. 이처럼 이자 수입을 목적으로 법의 범위를 벗어나 예금에 대한 보상은 어떻게 해야 한다고 보는가?

해설 및 답안

딱한 현실이지만 소탐대실한 경우이므로 전적으로 사적 책임이다. 법은 몰랐다는 것은 인정하지 않는다.

금융감독원 '금융이해력 측정문제' 풀이

1. 예금자보호제도
   다음 중 예금자보호제도에 의해 보호를 받을 수 있는 경우는 어느 것입니까?
   ① 증권회사의 수익증권 거래 시.
   ② 상호저축은행 정기적금 거래 시.
   ③ 보험회사의 변액보험 거래 시.
   ④ 은행의 양도성예금증서 거래 시.

2. 기타 – 금융소득과 세금

　정기적금이나 정기예금 상품에 가입하면 받게 되는 이자에 대해 바르게 설명한
　것은 어느 것입니까?

　① 이자소득에 대해서는 세금이 부과되지 않는다.

　② 비과세상품을 제외한 모든 금융상품의 이자소득에 대해서는 이자소득세
　　가 부과된다.

　③ 고액의 이자소득액에 대해서만 이자소득세가 부과된다 .

　④ 18세가 지날 때까지는 이자를 받을 수 없다.

3. 기타 – 용어에 대한 이해

　다음의 용어에 대한 설명 중 올바른 것은 어느 것입니까?

　① 보험이란 금융기관에 돈을 맡기고 이자와 원금을 돌려받는 저축방법이다.

　② 가처분소득은 부모님께서 버신 돈 중에서 물가만큼을 더한 돈이다.

　③ 실질금리는 명목금리에서 물가상승률을 뺀 이자율이다.

　④ 세후금리란 이자에 세금을 더한 이자율이다.

정답 : 1. ②　2. ②　3. ③

PART 3

경제·금융
용어 정리

1. 경제사상

▋산업혁명

1760~1830년경에 이르는 약 1세기 동안 기계의 등장으로 시작된 기술혁신과 이에 수반하여 일어난 사회·경제 구조의 변혁.

▋자본주의

이윤추구를 목적으로 하는 자본이 지배하는 경제체제를 말한다. 자본주의는 사유재산제 허용, 사적 영리 추구, 자유 경쟁 촉구 등을 주요 특징으로 한다.

▋수정자본주의

경제 성장보다 유효수요가 따라주지 못해 경기가 침체한다는 케인즈의 역설에 따라 정부가 적극 시장에 개입하는 경제사상을 말한다. 1929년 대공황 이후 각국 정부의 경제문제 해결 시스템으로 자리를 잡게 된다.

▋흑묘백묘(黑猫白猫)

검은 고양이든 흰 고양이든 쥐만 잡으면 된다는 등소평의 주장.

▋남순강화(南巡講話)

중국의 등소평이 상해 등 남방지역을 순방하면서 강론을 펼친 경제사상. 그는 '사회주의에 시장이 있으며 자본주의에도 계획이 있다'고 갈파했으며, 등소평 사후 강택민이 적극 수용했다.

▋Gray capitalism

중국식 사회주의 시장경제체제. 정부 통제력이 강한 기존 중국식 자본주의(Red capitalism)와 미국식 자유주의 시장경제(Free Market Capitalism)의 중간적 형태이다.

▌자본주의의 새로운 구분

- ●자본주의 1.0 : 20세기 초 자유방임의 고전자본주의 사상.
- ●자본주의 2.0 : 1930년대 대공황 이후 등장한 케인즈의 수정 자본주의 사상.
- ●자본주의 3.0 : 1970년대 이후의 신자유주의 경제사상.
   → 회사의 성장은 곧 주주의 주머니를 채우는 형태로 발전.
- ●자본주의 4.0 : 배려와 박애를 근간으로 하는 새로운 경제사상.
- ●자본주의 5.0 : 기업가치 + 사회가치.

▌자본주의 3.0

신자유주의 경제사상의 별칭. 이기기 위해서는 전쟁도 불사하는 '피스톨 경제'(하드파워), 승자독식의 '카지노 경제' 또는 '정글 경제', 피도 눈물도 없는 '샤일록(셰익스피어의 '베니스의 상인'에 나오는 악덕 고리대금업자)경제' 등으로 요약된다.

- ●신자유주의 경제사상 : 정부의 시장 간섭을 배제하고 시장의 효율적 자원 배분 기능을 강조하는 경제사상. 1970년대 이후 오늘날 세계 경제 질서를 지배하고 있다.
- ●샤일록경제 : 〈베니스의 상인〉에서 샤일록이 안토니오에게 요구하던 '1파운드의 살'처럼 빚은 결국 살벌한 대가를 요구한다.

▌자본주의 4.0의 특징

박애를 근간으로 하는 새로운 사상. 행복, 박애, 스마트 등 세 가지를 기본 사상으로 한다. 그러나 따뜻한 자본주의를 표방하는 4.0시대에도 여전히 기업을 키우고 많은 수익을 올려야 한다.

▌슬로노믹스

Slow와 Economics의 합성어. 따뜻함과 그리움, 창조의 원천이 되는 전통이야말로 다른 나라, 다른 기업과 차별화되는 경쟁력이 될 수 있다. 품만의 격조 있는 스타일과 품질, 대중의 선망과 소유욕을 자극하는 가치를 추구한다.

▌사회적 후생

Social welfare. 시장이 사회에 가져다준 행복 또는 사회 구성원 개개인의 이득 총합.

▌사회적 비용

Social cost. 어느 생산자가 어떤 재화를 생산하는 경우, 이 때문에 생산자를 포함한 사회 전체가 부담하게 되는 비용.

▌사적 비용

Private cost. 생산자가 직접 부담하는 비용.

● 2. 사유재·공공재·(비)가치재·공유지의 비극 ●

▌사유재

私有財. Private goods. 또는 사적재화. 시장을 통해 거래가 이루어지는 가장 일반적인 형태의 재화.

▌공공재

公共財. Public goods. 국방·경찰·소방·공원·도로 등 정부 재정에 의하여 공급되어 모든 개인이 공동으로 이용할 수 있는 재화 또는 서비스.

▌가치재

Merit goods. 꼭 필요하지만, 개인들의 자발적인 선택에 의해서는 일정 이상의 바람직한 수준까지 소비되지 않는 재화나 서비스.

▌비가치재

Demerit goods. 사람들이 그 효용은 과대평가하고 폐해나 고통 등은 과소평가하는 것을 가리킨다. 정부가 생산이나 소비를 규제하고 있으며 담배, 술, 마약 등을 들 수 있다.

▌기펜(기픈)재

Giffen goods. 가격이 하락(상승)할 때 오히려 수요량이 감소(증가)하는 재화를 말한다.

▌위풍재

Prestige goods. 베블린 효과를 가져다주는 재화. 경제학에서 다루는 일반적인 재화는 값이 내리면 많이 팔리고 값이 올라가면 덜 팔린다.

▋공유자원

Common Resources. 소유권이 어느 특정 개인에게 있지 않고 사회 구성원 전체에게 있는 자원.

▋공유지의 비극

Tragedy of the Commons. 비배제성과 경합성의 결과(목초지). 현재 북한의 민둥산과 과거 1970년대 남한지역의 민둥산이 대표적이다.

3. 소비와 소비형태

▮효용

Utility. 소비자가 재화나 용역을 소비함으로써 얻는 만족도나 즐거움의 크기.
선호(preference)의 개념(순서)에 量(크기)을 부여한 것이다.
● 선호 : Preference. 여러 가지 재화 가운데 좋아하는 것의 순서(ordering).

▮한계효용 체감의 법칙

어떤 사람이 동일한 재화나 서비스를 소비함에 따라 느끼는 주관적인 만족도
(혹은 필요도)가 점차 감소한다는 것. 고센(Hermann Heinrich Gossen)의 1
법칙이다.

▮한계효용 균등의 법칙

소비자가 주어진 돈(예산)으로 최대의 효용을 얻도록(효용 극대화) 합리적인
소비를 한다면, 두 재화의 한계효용이 같게끔 소비를 해야 한다는 이론이다.
고센의 제2법칙이라고 한다.

▮가치의 역설

가격과 효용의 괴리 현상. 가격은 한계효용에 의해 결정되기 때문에 총 효용
이 크다고 반드시 재화의 가격이 높은 것은 아니다. 다이아몬드는 교환의 가
치(구매력)는 높으나 유용성(사용가치)이 없다. 즉, 총효용(사용가치)은 낮지
만 한계효용(교환가치)은 높다.

▮공리주의

Utilitarianism. 효용과 관련된 철학사상. 19세기 중반 영국에서 나타난 사회
사상으로, 가치 판단의 기준을 효용과 행복의 증진에 두어 '최대 다수의 최대
행복' 실현을 윤리적 행위의 목적으로 보았다.

▌의존효과

Dependence effect. 소비자 자신의 실제적인 필요에 의해서가 아니라 생산자의 광고 · 선전 등에 의존하여 이루어지는 현상.

▌전시효과

Demonstration effect. 소비 지출이 자신의 소득 수준에 따르지 아니하고 타인을 모방함으로써 늘어나게 되는 사회적 · 심리적 효과.

▌베블린 효과

Veblen effect. 또는 과시효과(Conspicuous effect). 가격이 상승한 소비재의 수요가 증가하는 현상. 소비하는 사람의 사회적 지위와 연결된 명품의 경우가 대표적이다.

▌네트워크 효과

Network effect. 특정 상품에 대한 어떤 사람의 수요가 다른 사람들의 수요에 영향을 받는 효과.

▌Bandwagon 효과

악대차 효과. 전시효과의 일종으로, 남이 하니까 나도 한다는 식의 편승효과. 부화뇌동 효과라고도 한다. Bandwagon은 대열의 앞에서 행렬을 선도하는 악대차를 말한다.

▌스놉 효과

Snob effect. 특정 상품에 대한 소비가 증가하면 그에 대한 수요가 줄어드는 현상. 소비자가 제품을 구매할 때 자신은 남과 다르다고 생각하는 것이 마치 백로 같다고 하여 '백로효과' 라고도 한다. 스놉 효과는 미술품, 골동품, 고서화 등 특정 분야의 마니아들에게 종종 나타나기도 한다.

▌Ratchet 효과

톱니 효과. 또는 관성효과. 현재의 소비는 과거 습관에 의해 어느 정도 결정이 되고 한번 소비에 길들면 소득과는 관계없이 소비를 줄일 수 없다는 듀젠베리의 주장. 한번 높아진 소비수준은 소득이 줄어도 낮아지지 않는다는 가설이다. 톱니처럼 갈지(之)자 행보를 보인다고 해서 'Ratchet 효과'라는 이름이 붙여졌다.

▌가수요 현상

물가가 계속 오르거나 물자가 부족(초과수요)할 것으로 예측되는 경우 지금 당장 필요가 없으면서도 일어나는 예상 수요.

▌저축의 역설

케인즈는 경제주체의 소득 가운데 소비활동은 유효수요로 연결되지만, 저축의 경우 투자의 근원이면서 저축된 부분은 수요로 되돌아오지 않기 때문에 저축은 필요악이 될 수도 있다고 강조했다. 이를 저축의 역설이라고 한다.

▋생산

유용한 재화와 서비스를 만들어 내는 경제활동.

● 재생산 : Reproduction. 생산과정이 끊임없이 되풀이되는 일.

▋한계생산성 체감의 법칙(수확체감의 법칙)

노동을 일정량 더 투입하는 경우 초기에는 생산량이 체증하다가 일정 수준 이상으로 많아지면 추가로 얻게 되는 한계생산이 체감하는 현상.

▋수입

收入, income. 제품 판매활동으로 벌어들이는 일정한 금액. 경제학에서는 제품 매출액을 뜻한다. 따라서 총수입은 총매출액을 의미한다.

▋이윤

Profit. 총수입에서 일체의 생산비, 곧 지대(地代)·임금과 이자 등을 뺀 잉여소득을 말한다.

▋손익분기점

총수입(매출액)과 총비용이 일치하는 수준

▋쿠르노의 점

Cournot's Point. 이윤 극대화 점. 독점기업은 총 이윤이 극대가 되는 점에서 독점가격을 결정하게 되는데, 이때 수요곡선 상에서 공급자(독점기업)에게 극대 이윤을 주는 가격과 공급량이 동시에 표시되는 점.

▋ASP

Average Selling Price. 평균판매단가.

▋High-end

고가 제품.

▋Low-end

제가 제품.

5. 시장

▌가격기구

가격이 경제 안에서 여러 가지 기능을 수행하는 기구와 같은 역할을 한다는 것.

▌보이지 않는 손

Invisible hands. 자원배분의 효율성을 이루는 시장기능에 대한 아담 스미스의 주장. 경제활동의 동기를 제공하고 자원을 효율적으로 배분하는 가격과 시장의 자동조절기능에 대한 설명이다.

▌생산요소 시장

재화와 서비스를 생산하기 위해 투입되는 자원인 노동력, 자본, 토지 등을 생산요소라고 한다. 그리고 이러한 생산요소가 거래되는 시장.

▌경합시장

Contestable market. 실질경쟁기업이 거의 존재하지 않고 잠재경쟁기업이 오히려 더 많은 시장구조.

▌CR 지수

Concentrate Ratio. 시장집중도 비율. 특정 산업 또는 시장에서 시장구조가 경쟁적인지 독점적인지를 알아볼 수 있는 대표적 지표이다. CR은 상위 몇몇 기업의 시장점유율 합계를 의미하며 CR1, CR2, CR3, CR4 등으로 표시한다.

▌HHI 지수

Herfindahl-Hirschman Index. 허핀달-허쉬만 지수. 이 지표는 관련 시장 내 모든 회사의 시장점유율을 제곱한 값을 합산하여 정해지는데 지수가 낮을수록 기업 간 경쟁이 심하다고 볼 수 있다.

▌시장의 진입 장벽

Barriers to entry. 타인의 진입을 방해하는 장벽을 구축하고 진입규제를 통해 자신의 몫을 늘리려는 행위를 말한다. 특허권, 저작권, 자격증 제도, 규모의 경제 등이 대표적이다. '철밥통 지키기' 정도로 의미를 부여할 수 있다.

▌규모의 경제

Economy of scale. 생산량이 증가함에 따라 생산물당 평균비용이 감소하는 현상을 일컫는다. 네트워크 산업과 장치산업이 전형적인 규모의 경제를 이루고 있다.

▌범위의 경제

한 기업이 2종 이상의 제품을 함께 생산할 경우, 각 제품을 다른 기업이 각각 생산할 때보다 평균비용이 적게 드는 현상. 생산요소의 기능을 조절하여 효율적으로 생산하는 것이다. 은행의 방카슈랑스가 대표적이다.

▌자연독점

Natural monopoly. 규모의 경제에 비해 시장이 협소하여 다른 기업이 진입하지 않아 저절로 독점하게 된 경우를 일컫는다. 엄청난 초기투자를 요구하므로 불가피한 독점이라고도 하며, 이 때문에 다른 기업들에 의한 신규 시장 진입은 극히 어렵다. 네트워크 산업과 장치산업이 대표적이다.

▌독점적 경쟁시장

Monopolistically competitive market. 미용실, 편의점, 식당 등 생활주변에서 항상 접하기 때문에 똑같은 상품을 파는 것 같으나 품질과 서비스가 같지 않다. 각 기업은 광고나 신형제품 등을 통하여 구매자에게 그 제품만이 갖는 이점을 강조하고, 구매자를 끌어당겨 독점적인 지위를 강화하려고 경쟁을 벌인다.

▌과점과 복점

특정 산업 분야에서 소수의 공급자가 시장을 지배하는 형태의 시장구조. 복점은 단 두 개의 기업이 해당 분야 시장을 장악하고 있는 경우를 일컫는다.

▌리니언시 프로그램

Leniency Program. 담합행위를 자진하여 신고하는 기업에 과징금을 면제하거나 감면해주는 제도. 기업이 담합행위를 자진하여 신고했을 때 과징금을 완전히 면제하거나 경감시켜주는 제도이다. '용의자의 딜레마' 라는 게임이론과 함께 시장의 질서를 저해하는 행위를 규제하는 수단으로 사용되고 있으나 비판의 목소리도 높은 편이다.

▌가격 차별

Price discrimination. 같은 상품을 다른 가격에 판매하는 전략. 완전경쟁시장에서는 한 상품에 대해서 단 하나의 가격만 성립하는 일물일가의 법칙이 존재하지만, 독점기업은 한 상품이라도 서로 다른 시장에서 다른 가격으로 판매할 수도 있는데 이때의 가격 차이를 말한다.

▌묶어 팔기

심야극장 2편 동시상영.

▌끼워 팔기

BOGO(Buy One, Get One) 마케팅.

▌용의자 딜레마 게임

가장 유리한 결과가 있음을 알고도 불리한 결과를 선택할 수밖에 없는 상황. 각자 자신의 이익을 위해 최고의 방법을 선택하더라도, 서로 협력하지 않는 상황에서는 모두에게 이익은커녕 자신에게도 불리한 결과가 발생하는 상황을 일컫는다.

▌치킨게임

Chicken game. 1950년대 미국 젊은이들 사이에서 유행하던 자동차 게임. 한 밤중에 도로의 양쪽에서 두 명의 경쟁자가 자신의 차를 몰고 정면으로 돌진하다가 충돌 직전에 핸들을 꺾는 사람이 지는 경기이다. 어느 한 쪽도 핸들을 꺾지 않으면 게임에서는 둘 다 승자가 되지만, 결국 충돌함으로써 양쪽 모두 자멸하게 된다.

▌M&A 치킨게임과 승자의 저주

승자의 저주는 치열한 경쟁을 뚫고 다른 기업을 인수합병(M&A)하는데 성공했으나 과도한 비용을 치르는 바람에 오히려 경영위험에 빠지거나 큰 후유증을 겪는 상황을 일컫는다.

▌Super star 경제학

1등은 엄청난 보상을 받지만 차점자는 그보다 훨씬 작은 보상을 받는 승자독식(winner-take-all) 현상을 말한다.

▌제로섬게임

Zero-sum game. 승자의 득점과 패자의 실점의 합계가 영(零)이 되는 게임. 주식시장, 특히 옵션 시장이 제로섬 게임의 전형적인 형태이다. 누군가가 이익을 보게 되면 다른 쪽은 잃게 된다.

▌시장의 실패

시장에서 이루어지는 자원배분이 비효율적으로 나타나는 현상. 시장은 소득분배의 차이를 해결하는 데 미흡하지만, 경쟁을 통해 높은 경제성장을 기대할 수 있고 또 자원배분의 효율성을 높일 수 있으나 최소한 자원배분의 효율성마저 보장해주지 못하는 상황이 발생하는 경우.

▌외부효과

Externality. 어느 한 사람의 경제활동이 다른 사람의 경제적 후생에 영향을 미쳤지만 이에 대해 아무런 대가를 받지도 비용을 부담하지도 않는 현상.

▌피구세

Pigouvian tax. 외부불경제가 발생했을 때 이를 직접 규제하기보다는 외부효과가 발생한 만큼 부과하는 세금(예 ; 유류세, 환경세).

▌내부화

Internalization. 외부효과를 사적(私的) 시장기구를 통하거나(자정작용) 정부개입을 통해 시장의 실패를 막고 자원을 효율적으로 배분하는 것에 대한 총칭.

▌무임승차

Free rider. 특정 개인이 국방이나 공공치안에 기여하지 않더라도 공공재의 비배제성이란 특성으로 공공재의 혜택을 받기 때문에 자발적으로 공공재의 생산비용을 분담할 유인이 없어 일어나는 현상.

▌레몬시장

1970년 〈George A. Akerlof〉의 '레몬시장 이론' (Market for Lemons)이라는 논문을 통하여 알려졌다. '레몬' 이란 우리의 '빛 좋은 개살구' 처럼 겉만 멀쩡한 물건을 가리킨다. 레몬시장은 불완전한 정보에 의해서 발생하는 비정상적인 선택이 이루어지는 시장을 말한다.

▌비대칭 정보

특정한 사람들이 다른 사람들보다 더 많은 정보를 가지고 있는 상황.

▌역선택

불완전한 정보에 의해서 발생하는 비정상적인 선택. 역선택은 정보가 없는 쪽에서 볼 때 관찰할 수 없는 속성이 바람직하지 않게 작용하는 경향을 말한다. 중고자동차시장과 보험시장이 역선택이 일어나는 대표적인 곳이다.

▌대리인 문제

Agency Problem. 위임자와 피 위임자 간의 비대칭적 정보로 인해 일어나는 문제. 한 개인 또는 집단이 자신의 이해에 직결되는 일련의 의사 결정 과정을 타인에게 위임(예 : 전문 경영인과 주주 관계)할 때 대리인 관계가 성립된다.

▌도덕적 해이

계약 이후의 감춰진 행동을 말한다. 피 위임자(대리인)가 위임자(주인)보다는 자신을 위해 일을 우선하는 경우 일어나는 문제로서 고용주와 노동자, 자동차보험 회사와 보험 가입자, 아기 부모와 보모 등의 사례를 통해 발견할 수 있다.

▌Signal

상품명세서, 보증서 등 상품과 관련된 모든 정보.
- Signaling : 신호발송. 정보를 가진 쪽이 자신의 사적 정보를 상대방에게 전달하기 위해 취하는 행동.
- 시그널링 효과 : 신호발송을 통해 비대칭정보 때문에 발생하는 역선택을 피하게 함으로써 얻게 되는 효과.

▌최고가격제(price ceiling)

정부가 소비자 보호를 위해 최고가격을 설정하고 그 이상을 받지 못하도록 하는 제도.

▌최저가격제(price floor)

정부가 공급자(생산자)를 보호하기 위해 최저가격을 설정하고 그 이하로는 판매를 못 하게 하는 제도.

▌사중손실

Social deadweight loss, excess burden(초과부담) 또는 allocative inefficiency. 정부의 시장개입에 의한 사회적 후생의 감소분(또는 정부의 시

장개입에 따른 역효과).

▌정부의 실패

Government failure. 시장의 실패를 교정하기 위한 정부개입이 오히려 효율적인 자원 배분을 더 저해하는 상황을 가리킨다.

▌ 명목임금

지금 화폐 단위로 받고 있는 임금.

▌ 실질임금

명목임금을 물가지수로 나눈 것. 물가상승을 고려한 돈의 실질적인 가치로
나타낸 것이다.

▌ 임금의 하방 경직성

한번 오른 임금은 경제여건이 변하더라도 떨어지지 않고 계속 유지되려는 성
향을 뜻한다.

▌ 효율성 임금

근로자의 생산성을 높이기 위해 시장균형임금보다 높은 수준에서 지급되는
임금.

▌ 임금피크제

Salary peak system. 일정 나이가 되면 임금을 삭감하는 대신 정년은 보장하
는 제도. 워크셰어링(work sharing)의 한 형태로, 일정 나이가 된 근로자의
임금을 삭감하는 대신 정년까지 고용을 보장하는 제도.

▌ 경제활동인구

만 15세 이상 인구(현역군인, 전투경찰, 기결수는 제외) 중 재화나 용역을 생
산하기 위하여 노동을 제공한 사람과 제공할 의사와 능력이 있는 사람. 즉, 실
제로 수입이 있는 일을 하는 '취업자'와, 일하지 않았으나 구직활동을 하고
있는 '실업자'를 포함한 개념이다.
●비경제활동인구 : 만 15세가 넘은 인구 가운데 취업자도 실업자도 아닌 사

람, 곧 일할 수 있는 능력은 있으나 일할 의사가 없거나, 전혀 일할 능력이 없어 노동공급에 기여하지 못하는 사람. 학생, 주부, 실망실업자가 이에 속한다.

▌경제활동 참가율

생산가능인구 중 노동공급에 기여한 사람(취업과 실업에 분류된 사람)의 비율
[(경제활동인구 / 15세 이상 인구) × 100]

▌생산가능인구

15세 이상~64세 이하의 인구. 만 15세 이상이면 근로기준법에 따라 노동력을 제공하고 임금을 받을 수 있다.

▌핵심생산인구

Prime Age Working. 경제활동이 가장 왕성한 시기에 이른 25세~49세의 인구.

▌취업자

경제활동 인구조사에서 조사기간에 △수입을 목적으로 한 시간 이상 일한 자 △자기에게 직접 이득이나 수입이 오지 않더라도 가구단위에서 경영하는 농장이나 사업체의 수입을 높이는 데 협력한 가족종사자로 18시간 이상 일했을 때 △직업을 갖고 있으나 일시적인 병, 일기불순, 휴가 또는 연가, 노동쟁의, 조업중단 등으로 일시적으로 쉬고 있는 휴직자.

▌취업률

경제활동인구에 대한 취업자의 비율(취업자 수 / 경제활동 인구) × 100

▌실업자

15세 이상 인구 중 △지난 1주일 동안 전혀 일하지 못하고 있었으나 △항상 취업이 가능하며(구직의사 분명) △지난 4주간 적극 구직활동을 한 경우.

▌실망실업자

구직의사가 있음에도 일자리 찾기에 실패하면서 구직활동을 포기한 자. 실망실업자는 실업자가 아닌 비경제활동인구로 분류한다.

▌잠재실업자

실망실업자 + 취업준비자.

▌실업률

경제활동인구에 대한 실업자의 비율(실업자 수 / 경제활동 인구) × 100

▌청년실업률

OECD는 만 15세~만 24세 청년 가운데 실업률을 정의하고 있으며, 한국은 15~29세를 대상으로 한다. 최근 청년실업률은 8% 대에 이르고 있다.

▌자발적 실업

일자리가 있음에도 자발적으로 실업상태인 때.

- ●비자발적 실업 : 일할 의사와 능력은 있으나 일자리가 없어 생기는 실업. 실업문제의 근본 원인이다.

▌탐색적 실업

Search unemployment. 근무 환경이나 조건, 급여 등 더욱 나은 직장을 탐색하고자 실업상태에 있는 것. 더욱 좋은 일자리를 찾기 위해 잠시 쉬는 상태로, 자발적 실업에 포함된다.

▌마찰적 실업

Frictional unemployment. 노동시장에서 구인(求人)자와 구직(求職)자가 직접 접촉하지 않고 각자 탐색을 벌이는 과정에서 드는 비용(탐색비용, search cost)으로 인해 양측의 요구 조건이 합치되지 않아 발생하는 실업을 일컫는다. 구직자는 일자리를 찾는 데 드는 시간과 비용 때문에 탐색에 마음껏 나설

수가 없어 취직하기가 어렵고, 반대로 기업은 적당한 사람을 물색하는 데 드는 비용 때문에 고용을 망설이게 된다는 것이다.

- ●Matching Theory : 구직자와 일자리가 맞지 않을 때 이를 이어줄 수 있는 이론을 말한다.

▌잠재적 실업

표면상으로는 실업이 아니지만, 개인의 능력이나 역량보다 생산성과 급여가 낮은 부문에 취업해 있는 상태를 말한다.

▌계절적 실업

농업과 같은 자연적 요인 등 산업 활동의 계절적 영향에 따라 나타나는 실업.

▌경기적 실업

경기변동 과정이나 불경기 시에 나타나는 일자리 부족현상.

▌구조적 실업

Structural unemployment. 유효수요의 부족에 따른 자본주의 구조의 모순에 의해 발생하는 만성적·장기적 실업. 경기변동에서 오는 일시적 실업이 아니라 산업구조의 변화에서 오는 장기적이며 만성적인 실업을 말한다. 산업구조의 변화에 적응하지 못하거나 종사하던 산업이 쇠퇴한 경우 나타나는데, 비자발적 실업과 비슷한 유형이다.

▌기술적 실업

Technological unemployment. 칼 마르크스가 말하는 산업예비군의 실업 유형으로, 기술의 발달로 기계가 노동력을 대체하기 때문에 생기는 실업이다. 기술진보의 영향으로 노동 수요가 감소하는 데 기인하는 실업으로, 마르크스형 실업이라고도 한다.

▌산업예비군

마르크스(K. Marx)의 경제학 용어로, 자본주의 특유의 실업형태를 상대적 과
잉인구 또는 산업예비군이라고 했다.

▌러다이트 운동

1811~1817년 영국의 중부·북부의 직물공업지대에서 영국 노동자들이 일자
리를 빼앗기지 않기 위해 직물 기계를 파괴한 운동에서 비롯한 용어다. 당시
영국 노동자들은 기계산업의 발달이 오히려 자신들의 삶을 무너뜨렸다고 보
고, 영국의 중북부에서 닥치는 대로 기계를 파괴하였다.

▌네오러다이트 운동

Neo-Luddite Movement. 첨단 과학기술 문명에 반대하며 인간성 회복을 기
치로 내걸고 펼치는 기계파괴운동. 뉴러다이트운동이라고도 한다. 19세기 초
실업과 생활고에 시달리던 영국의 노동자들이 기계산업에 반기를 들고 벌였
던 기계파괴운동인 러다이트운동에서 유래하였다.

▌네오러다이트族

인터넷의 신기술을 이해하고 적응하려 하지 않거나 의도적으로 거부하는 집단

▌NEET족

Not in Employment, Education, Training. 학생도 아니고 직장인도 아니면
서 그렇다고 직업 훈련을 받지도 구직 활동을 하지도 않는 사람.

▌Cocoon족

외부 세상으로부터 도피하여 자신만의 안전한 공간에 머물려는 칩거 증후군
의 사람들을 일컫는 용어. 누에고치에서 유래한 용어로, '나 홀로 족'이라고
도 한다.

경제성장

장기간에 걸친 국민소득의 증가 또는 경제 규모가 지속해서 증가하는 현상. 구체적으로는 경제의 규모가 확대되면서 1인당 실질 GDP가 지속해서 증가하는 상태를 의미한다.

경제성장론

경제 외적인 요소를 무시하고 몇 개의 경제변수를 중심으로 지속적인 경제성장이 가능한 조건을 규명하는 이론.

총요소생산성

Total factor productivity. 노동과 자본에 의해 설명되지 않는 근로자의 업무능력, 자본투자금액, 기술도 등을 복합적으로 반영한 생산 효율성 수치이다. 즉, $f(K, L)$ 이외의 다른 생산요소들을 말한다. 여기에는 기술, 노사, 경영체제, 법·제도 등이 반영되기 때문에 총요소생산성 증가는 기술혁신을 의미한다.

아담 스미스의 국부론

국가를 번영할 수 있게 하는 장기적인 경제성장에 관한 탐구. 스미스에 따르면 국부의 증가는 노동력 증가와 함께 노동생산성의 증가에 의해 결정된다.

맬서스의 인구론

인구는 기하급수적으로 증가하지만, 식량은 산술급수적으로 증가한다는 수확체감의 법칙으로 경제성장은 일정한 상태에서 정지될 것이라는 비관적 성장론을 주장했다.

리카르도의 비교우위론

생산기술의 진보와 비교우위를 통한 특화, 그리고 자유무역으로 경제성장의 촉진이 가능하다고 주장했다.

▌아시아 성장의 한계론

The myth of Asia 's miracle. 경제성장의 주요 요인이 노동과 자본의 증가 또는 기술의 진보라고 할 때 생산량의 증대는 기술진보의 효과와 요소축적의 효과로 볼 수 있지만, 아시아의 일부 개도국들의 경제성장이 대부분 노동과 자본의 양적 증가에 힘입은 것으로 나타나자 아시아 개도국들의 경제성장이 선진국의 경제성장에 비해 성장속도는 빠르지만, 기술진보 없이 노동과 자본 등의 양적 성장에 치우쳤다는 비판을 제기하게 된다. 따라서 아시아 신흥국 들의 과제는 요소축적에 의한 양적 성장이 아닌 기술진보에 의한 질적 성장 이라고 할 수 있다.

▌경제발전

총생산량의 증가뿐만 아니라 생산구조의 변화, 생산요소 배분의 변화, 생산 의 환경 및 제도적인 측면의 변화까지를 포함하는 사회 전체의 질적 향상을 의미한다.

▌경제발전론

경제 외적인 요소까지 포함하여 분석하고 질적인 문제도 취급하는, 더욱 포 괄적인 개념이다.

▌클라크의 산업구조 이동론

산업을 제1차 산업, 제2차 산업, 제3차 산업으로 나누고, 경제가 발전할수록 소득 노동 자본의 비중이 제1차 산업에서 제2차 산업으로, 제2차 산업에서 제 3차 산업으로 이행해 가는 역사적 경향이 있다고 주장하였다.

▌로스토우의 경제발전 5단계설

경제의 발전단계를 '전통사회 → 도약준비기 → 도약기 → 성숙기 → 고도 대 중 소비기' 로 구분했다.

▌빈곤의 악순환

가난하기 때문에 자본이 형성되지 아니하고, 자본이 형성되지 아니하기 때문에 생산력을 높일 수 없어 빈곤이 악순환한다.

▌최빈국

최빈개도국은 유엔 총회(the UN General Assembly)에서 3년마다 소득·인적자산·경제적 취약성 등의 기준에 따라 지정한다. 소득 기준은 1인당 국민총소득(GNI)의 3개 연도 평균값을 사용한다. 2009년 기준으로 1인당 GNI가 905달러(약 100만 원) 미만이면 최빈 개도국에 포함되고 1086달러(약 125만 원) 이상인 국가는 최빈 개도국 지위에서 졸업하게 된다.

▌GDP

Gross Domestic Product. 국내총생산. 일정 기간 한 국가에서 생산된 최종 생산물(재화와 용역의 부가가치)의 시장 가치 합계. GDP는 생산자의 국적을 불문하고 자국 영토에서 만들어진 최종 생산물의 시장 가치의 합계를 말한다. 우리나라도 국제적 추세에 따라 1999년부터 기존에 사용하던 GNP 대신 GDP와 GNI로 경제규모와 소득수준을 측정하고 있다.

▌GRDP

Gross Regional Domestic Product. 지역 내 총생산.

▌경제성장률

한 나라에서 일정 기간 이룩한 국민경제의 증감분을 전년도와 비교하여 산출해낸 비율로 물가요인을 제거한 실질 GDP의 성장률(GDP의 연간 증가율)을 의미한다.

▌기저효과

통계의 착시효과. 어떠한 결과 값을 산출하는 과정에서 기준이 되는 시점과 비교 대상 시점의 상대적인 위치에 따라서 그 결과 값이 실제보다 왜곡되어 나타나게 되는 현상을 말한다. 호황기의 경제상황을 기준시점으로 현재의 경제상황을 비교하면 경제지표는 실제 상황보다 위축되게 나타나고, 불황기의 경제상황을 기준시점으로 비교하면 경제지표가 실제보다 부풀려져 나타나게 되는 것은 바로 기저효과 때문이다. 기저효과는 비슷한 의미로서 반사 효과라고도 불린다.

▌잠재 GDP

Potential Growth. 물가상승률을 가속하지 않으면서 달성할 수 있는 최대 생산능력. 추가적인 인플레이션 압력을 받지 않고 노동과 자본 등의 생산요소를 완전히 투입하여 달성할 수 있는 최대 GDP를 뜻한다.

▌Green GDP

또는 녹색 GDP. 환경요인을 반영하여 산출한 GDP를 말한다. GDP에서 환경비용, 즉 경제활동으로 발생하는 환경자본 소모분이나 환경 피해액을 제한 나머지를 가리킨다.

9. 경기변동 · 경제구조 · 경제지표

▌경기변동

생산, 고용, 물가지수 등 국민경제의 총체적 활동수준이 시차를 가지고 변동하는 현상을 말한다.

▌호경기

Prosperity. 생산, 투자, 소비 등이 통상 기대하는 평균수준 이상으로 활발한 경우를 일컫는다.

▌불경기

Depression. 경기가 좋지 않은 상태. 생산, 수요가 줄고 실업자가 늘어나는 등 경제활동이 침체되는 상태를 일컫는다.

▌경기변동 사이클

- Kitchin cycles : 40개월을 주기로 하는 단기파동. 주로 재고변동으로 발생.
- Juglar cycles : 9~10년을 주기로 하는 경제순환의 파장. 설비투자가 원인.
- 콘드라티에프 파동 : 40~60년 주기. 기술혁신 전쟁 등이 원인이다.
- 쿠즈네츠 파동 : 20~25년, 경제성장률 변화가 주원인으로 작용한다.

▌경기순환

Business cycle. 경기가 확장(expansion) · 후퇴(recession) · 수축(contraction) · 회복(recovery)의 과정을 반복하면서 끊임없이 변동하는 것.

▌Stagnation

장기적인 경제 침체 상황. 보통 1년 동안 경제성장률이 2~3% 이하로 떨어졌을 때를 말한다.

▌Recession

경기가 몇 달 이상 동안 전반적으로 상당히 위축되는 상황을 의미하며, 미국에서는 보통 GDP 성장률이 2분기 이상 마이너스를 기록하는 경우를 일컫는다.

▌R의 공포

R은 Recession, 즉 경기침체를 뜻한다. 전 세계 경제가 침체 폭풍 속으로 내몰리는 현상을 말한다.

▌V자형 경제구조

경기침체가 저점에 도달한 뒤 바로 상승세로 돌아서는 형태의 경제구조를 일컫는다.

▌U자형 경제구조

경기 침체가 곧바로 회복 기미를 보이지 않고 한동안 침체를 유지하다가 서서히 상승세를 타는 형태

▌L자형 경제구조

한번 침체한 경기가 되살아날 기미조차 보이지 않고 계속 불경기 상태를 이어가는 형태

▌W자형 경제구조

경기침체 이후 일시 경기가 회복되다가 다시 침체되는 이중침체 현상. '두 번(double) 내려가다(dip)' 라는 뜻으로 'Double dip' 이라고도 한다. Dr. Doom으로 일컬어지고 있는 루비니 교수는 최근 미국의 경제적 상황에 대해 이중침체 현상에서 벗어나지 못하고 있다고 계속 주장하고 있다.

▌Broken Wing

L자형 회복과 W자형 회복의 중간 형태로, 경제가 새의 부러진 날개와 같이

단기에 회복되더라도 장기 침체에 빠질 가능성이 높다는 점을 시사하는 용어
이다.

Soft Patch
경기 상승 국면에서 겪는 일시적인 침체 상황. 앨런 그린스펀 전 FRB 의장의
주장이다.

Green Shoots
버냉키 현 FRB의장이 주장하는 경기 호전신호.

Yellow weeds
시든 잎. 누리엘 루비니 뉴욕대 교수의 미국경제 상황에 대한 표현. 버냉키 의
장의 〈green shoots〉에 대한 비아냥적 표현이다.

After shock
버블 붕괴에 이은 달러 버블과 정부부채 버블 붕괴, 그리고 그에 따른 끔찍한
파장을 경고한 책이다.

Diflation spiral
디플레이션 회오리. 경기침체 상황에서 물가가 계속 떨어지면서 더 심각한
경기침체로 말려 들어가는 상황을 일컫는 말이다. 일본병의 증상으로 꼽힐
정도이다.

정치적 경기순환 사이클
Political Business Cycle. 선거를 앞두고 선거에서 승리하기 위해 선거 전에
경기가 호황을 이루도록 확장재정정책(총수요 증가정책)을 사용한 것이 결국
선거 후에는 이 때문에 발생한 물가상승을 억제하기 위한 긴축재정의 부작용
으로 돌아온다는 노드하우스의 이론이다.

▌경기순응성(Procyclicality)

경제의 각 요소나 구성원이 경기와 같은 방향으로 움직이려는 성질을 말한다. 특히 금융기관들이 경기가 좋을 때면 기업의 이익이 늘어날 것이라며 대출을 지나치게 쉽게 풀어 시중 자금이 넘치게 하고, 반대로 경기가 나쁠 때면 기업이익이 줄어들어 이자 내기가 어려워질 것이라는 지레짐작으로 대출을 동결하거나 기존 대출마저 회수해 시중 자금난을 초래하는 속성을 말한다. 이런 이유로 경기순응성은 경기 사이클의 진폭을 크게 하거나 경제를 위기에 빠뜨리는 주범이라고 할 수 있다.

▌경기동향지수

DI, Diffusion index. 또는 경기확산지수. 복잡한 경제활동 전체를 '경기'로서 파악하기 위해 제품·자금·노동 등에 관한 많은 통계를 정리·통합해서 작성한 지수. 현재의 경기에 대해 상승과정과 하강과정의 정도를 파악하고, 아울러 장래의 경기를 예측하는 실마리로 삼는다. 경기동향지수는 경기종합지수와는 달리 경기변동이 진폭이나 속도는 측정하지 않고 변화 방향만을 파악한다.

▌경기종합지수

CI, Composite Index. 현재의 경기상태를 판단하거나 앞으로 경기가 어떻게 될지에 대해 예측하기 위한 대표적인 지표로 사용된다. 경기종합지수 중 선행지수는 경기동향을 예측하는 데, 동행지수는 현재의 경기상황을 파악하는 데, 후행지수는 경기동향을 확인하는 데 이용된다.

▌경제심리지표

민간경제주체의 주관적인 판단을 파악하는 것으로 생산자의 심리를 조사한 기업경기실사지수(BSI, Business Survey Index)와 소비자의 심리를 조사한 소비자심리지수(CSI, Consumer Sentiment Index)가 대표적이다.

▌BSI

Business Survey Index. 기업경기실사지수. 경기 동향에 대한 기업가들의 주관적 판단·예측·계획을 관찰하여 작성한다. 0에서 200까지 값을 가지며, 100을 넘으면 경기를 긍정적으로 보는 업체가 많고 100 미만이면 경기를 부정적으로 보는 업체가 많다는 의미다.

▌소비자심리지수

CSI, Consumer Sentiment Index. 한국은행이 생활형편, 경기상황 등 소비자의 응답결과를 집계하여 작성하고 있는 17개 개별지수 중 소비자의 심리를 종합적으로 판단하는 데 유용한 중요지수(6개)를 선택, 이를 합성하여 작성하는 종합지수이다. CSI가 100을 넘었다는 것은 경제상황에 갖는 소비자의 주관적인 기대심리가 과거, 곧 기준 시계열 기간(1999.1.4.~2008.2.4.) 평균보다 낙관적임을, 100보다 낮으면 비관적임을 나타낸다.

▌소비자 전망지수

또는 소비자동향지수. 통계청이 소비자들이 느끼는 경기, 생활형편, 소비지출계획 등을 조사하고 경기나 민간소비동향을 파악해 정책을 입안하고 민간기업에 자료를 제공하고 있다. 100을 기준으로 100 이상은 긍정적, 100 이하는 부정적인 신호로 해석하고 있다.

- ●소비자평가지수(CCI) : 6개월 전과 비교한 지금의 경기상태와 생활형편 등에 대한 소비자 기대심리를 보여준다.
- ●소비자기대지수(CEI) : 6개월 뒤의 경기, 생활형편, 소비지출 등에 대한 소비자 기대심리를 나타낸다.

▌세계 무역의 바로미터 BDI

선박의 운송가격(운임)은 세계 무역의 바로미터로 사용된다. 경기가 좋아져 상품 운송을 위한 선박 확보에 수요가 몰리면 운임 단가는 올라간다. 반대로 물동량이 줄어들면 떨어진다.

▌세계 경제를 보는 또 다른 눈, PMI 지수

BDI 외에 세계 경제의 흐름을 추정하는 척도로 미국의 경제동향 관련 지수가 이용되고 있다.

- PMI 지수 : Purchasing Manager's Index. 미국의 구매자관리 지수. 제조업체의 구매담당자들이 보는 경기동향으로서, 제조업경기동향지표라고 할 수 있다. 50을 기준으로 50 이상이면 경기확대 기조, 50 이하이면 경기수축 기조로 보고 있다.
- ISM 지수 : 미국 공급관리자협회(Institute for Supply Management)가 매월 설문조사를 통해 제조업과 서비스업 부문의 신규 주문, 고용 등의 변화를 반영하여 산출하는 경제지표. 우리의 BSI와 같은 성격이다.

▌경제동향 보고서

- Green Book : 국내외 경기 흐름을 분석한 기획재정부의 경제동향보고서. 매월 1회 발행한다.
- 베이지북 : 미국의 연방준비위원회가 발간하는 경제동향서.

▌Black Swan

극단적으로 예외적이어서 발생 가능성이 없어 보이지만 일단 발생하면 엄청난 충격과 파급효과를 가져오는 사건을 가리키는 말.

▌Perfect Storm

2008년의 금융위기 발발을 예측했던 '닥터 둠' 누리엘 루비니 뉴욕대 교수도 앞서 2013년 글로벌 경제가 "전 세계에 '퍼펙트 스톰(동시다발적인 거대 폭풍)'이 온다"는 암울한 시나리오를 제시한 바 있다.

▌Muddling through

진흙 속을 통과하듯 힘겹게 나아가기. 유럽 재정위기로 촉발한 경제 침체의 장기화 현상에 대한 별칭이다. 불확실성이 높아지는 대외환경에서 살아남는 것을 헤쳐나가기 힘든 진흙 속을 통과하는 상황을 뜻한다.

▌Omnishambles

총체적 난국. 영어사전을 발간하는 옥스퍼드대 출판사가 선정한 '올해의 단어'

▌Dr. Doom

1987년 뉴욕 증시 대폭락을 예견했던 미국의 투자전략가 마크 파버가 고객들에게 보유주식을 현금화하라고 권유한 이후 그에게 붙여진 별칭이었으나 그이후 좋지 못한 상황을 예견하는 사람에 대한 별칭으로 사용되고 있다.

▌Eco-flation

환경(Ecology)과 인플레이션(Inflation)의 합성어로 환경적 요인에 따른 인플레이션을 의미한다. 말 그대로 환경기준 강화, 기후변화에 따른 가뭄, 산불, 허리케인의 잦은 발생으로 기업의 제조원가가 상승해 결과적으로 소비재 가격 인상으로 이어질 것이라는 전망이다.

▌Fish-flation

수산물(fisheries)과 인플레이션(inflation)의 합성어. 중국, 인도 등 신흥국들의 경제 성장으로 수산물 소비가 급증함에 따라 수산물 가격이 오르는 현상을 말한다. 남획과 지구 온난화에 따른 어족자원 고갈도 피시플레이션의 원인 중 하나이며 최근 일본 대지진으로 일본의 수산물 공급이 줄어든 것을 원인으로 보기도 한다.

▌Ag-flation

농업을 뜻하는 영어 '애그리컬처(agriculture)'와 '인플레이션(inflation)'을 합성한 신조어. 곡물가격이 상승하는 영향으로 일반 물가가 상승하는 현상을 가리킨다. 영국의 경제 주간지 《이코노미스트》에서 처음 사용한 것으로 알려졌다.

▌Vegeflation

채소가격 폭등에 따른 물가 상승

▌China-flation

중국발 (원자재)인플레이션 현상

▌Iron-flation

철강재 가격 상승에 따른 전체 물가 상승현상.

▌Boomflation

호황기의 인플레이션을 뜻한다.

▌Super Cycle

20년 이상의 장기적인 원자재 가격 상승 추세. 이코노미스트는 최근의 원자재 가격 상승세는 초기 단계일 뿐이라고 보도했다. '슈퍼 사이클' 이라는 용어를 사용하며 원자재 가격 상승세가 사이클처럼 반복돼 최대 20년 동안 상승세가 이어진다고 전망했다. 중국 등 개발도상국에서의 수요 증가와 새로운 원자재 공급시장 확산 등 2가지 요인으로 사이클이 굴러갈 것이라고 설명했다.

● Super Spike : 4~5년 주기의 급등 사이클.

▌CRB 지수

CRB(Commodity Research Bureau)사가 곡물, 원유, 산업용 원자재, 귀금속 등의 주요 21개 선물상품 가격에 동일 가중치를 적용하여 산출하는 지수. 원자재 가격의 국제기준으로 사용되고 있다.

▌Disinflation

인플레이션에 의해 통화가 팽창되고 물가가 앙등할 때 그것을 진정시키면서 디플레이션에 이르지 않도록 하는 긴축 경제 정책.

▌인플레이션 세금

Inflarion Tax. 또는 시뇨리지 효과. 화폐가치가 하락하면 사람들은 종전과 같은 수량의 상품과 서비스를 구매하는 데 종전보다 더 많은 돈을 지출해야 한다. 즉, 실질적으로 소득이 감소하는 것과 같다. 따라서 인플레이션은 정부가 세금이라는 이름으로 월급에서 돈을 빼 간 것과 같은 효과가 발생한다는 주장이다. 인플레이션 세금은 결국 정부에게 화폐를 새로 발행하지 말라는 주문이다. 예를 들어 5만 원권 지폐를 새로 발행하는 데 드는 원가가 1천 원이라면 정부 입장에서는 고스란히 49,000원이 남지만 대신 물가상승으로 인해 생활이 핍박해진다. 과거 조선시대 경복궁 중건을 위한 대원군의 당백전 발행이 대표적이다. 정부는 당백전을 발행함으로써 경복궁 중건에 필요한 재원을 마련할 수 있지만 대신 물가는 엄청나게 뛰었다.

▌Indexation

물가연동제. 임금, 금리 등을 정할 때 일정한 방식에 따라 물가에 연동시키는 정책.

▌Inflession

인플레이션과 recession의 합성어. '물가상승 → 정부의 긴축재정 → 경기후퇴 → 기업경영 악화 → 스태그플레이션발생'의 전체 과정을 말한다.

로렌츠 곡선

어느 한 국가의 소득분배 상태를 보여주는 곡선. 대각선으로부터 멀어질수록 불평등함을 나타낸다.

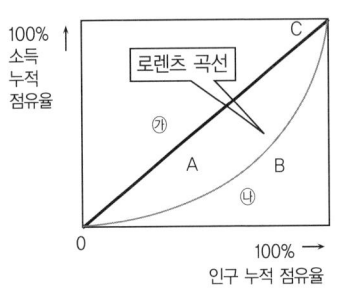

Korea's Gini index*

지니계수

로렌츠 곡선이 의미하는 바를 나타내는 통계학적 지수. 지니계수는 0과 1 사이의 값으로 나타내며, 0에 가까울수록 소득이 균등하고 1에 가까울수록 불균등함을 뜻한다.

10분위 계수

(최하위 40% 가계의 소득 점유율)/(최상위 20% 가계의 소득 점유율). 값이 클수록 배분상태가 양호함을 뜻한다.

5분위 계수

소득 수준 상위 20%의 소득을 하위 20%의 소득으로 나눈 배율로, 그 배율이 클수록 소득 불평등이 심하다는 것을 의미한다.

노동소득 분배율

Ratio of Compensation of Employees to NI(National Income). 국민소득에

서 노동소득이 차지하는 비율. 노동의 가격이 자본의 가격보다 높을수록, 한 나라의 산업이 노동집약적일수록, 총취업자 중 피고용자의 비율이 높을수록 그 값이 커지게 된다.

▌중위층

Median income. 소득계층을 구분하는 기준으로, 총가구 중 소득순으로 순위를 매긴 후 정확히 가운데(50~150%)를 차지한 가구의 소득을 말한다.

▌빈곤층

중위소득의 50% 미만인 계층

▌절대적 빈곤층

자신의 생존에 필요한 최저 소득으로 정의되는 빈곤선(poverty line) 이하의 생활 수준에 속하는 계층. 최소한의 생계를 유지하는 데 필요한 재화와 서비스를 사는 데 소득 수준이 미치는 못하는 경우를 말한다. 우리나라에서는 이들 계층에 대해 '절대 빈곤층', 즉, 극빈층이라고 한다.

▌상대적 빈곤층

중위 소득 50% 이하의 소득계층. 사회의 평균 소득 수준과 대비하여 상대적으로 소득이 낮은 계층을 정의하는 것으로, 보통 가구 총소득이 중위층 평균 소득의 40~50% 이하에 속하는 계층을 말한다.

▌상대적 빈곤율

중위소득 50%에 해당하지 않는 인구의 비율을 나타낸다. 높으며 높을수록 빈곤층이 많다는 뜻이다.

▌차상위 계층

최저 생계비 대비 1~1.2배의 소득이 있는 '잠재 빈곤층'과, 소득은 최저 생계비 이하지만 고정 재산이 있어 기초생활 보장 대상자에서 제외된 '비수급 빈곤층'을 합쳐 이르는 말이다.

▌BoP

Bottom of Pyramid. 피라미드의 저변. 소득구조에 따른 인구분포 피라미드에서 가장 하단에 있는 빈곤층.

▌중산층

보통 소득 수준이 최저생계비의 2~2.5배에 달하는 계층을 중산층으로 본다. 경제협력개발기구(OECD)는 중간값 소득의 50~150%에 해당하는 소득을 올리는 가구로 보고 있다. 이 기준에 따라 한국종합사회조사(KGSS)는 2006년 현재 중산층의 범위를 월평균 가구 소득 200만 원부터 499만 원 사이인 가구로 추정했다. 이를 가구별 소득분배를 기준으로 삼기도 한다. 일반적으로 10분위 분류에서 4~7분위 또는 3~7분위, 5분위 분류에서는 2~4분위에 속한 사람들을 말한다.

▌고소득층

중위소득의 150% 초과 계층.

▌소득분배 불평등 문제의 해결

사회보장제도와 조세제도 등을 통한 해결. 결국, 정부의 시장개입 형태로 나타난다.

▌소득재분배

사회보장제도나 누진과세 세제 등으로 개인이나 소득계층 간의 격차를 바로잡고 이를 축소시키는 조치를 취하는데, 이러한 것을 소득재분배라고 한다.

▌쿠즈네츠 U자형 가설

경제발전에 따라 사회보장제도, 최저임금제, 누진세 제도 등에 의해 소득불평등이 개선된다.

▌사회보장

국민의 생존권을 지킬 것을 목적으로 하는 경제적 보장. 사회 보험, 생활 보호, 공중위생 따위의 분야에 걸쳐 국가가 통일적으로 운영한다.

▌사회안전망

정부의 근로자에 대한 고용과 실업에 대한 각종 대책의 총칭.

▌사회보험

질병이나 노령, 근로 능력의 상실 따위로 생활을 유지할 수 없는 사람에게 국가의 보호를 받을 권리를 법으로 보장하여 주는 제도.
- 사회보험제도의 특징 : 강제 가입의 원칙, 공동 부담의 원칙, 상호 부조, 근로 의욕의 향상(단, 생활 무능력자에게는 무의미하다).

▌4대 사회보험

산업재해보상보험(고용주 전체 부담), 건강보험, 국민연금(18~60세 미만의 국내거주 국민), 고용보험 등.

▌공공부조

국가와 지방자치단체의 책임으로 생활 유지 능력이 없거나 생활이 어려운 국민의 최저 생활을 보장하거나 자립을 지원하는 제도.

▌국민기초생활보장제도

공공부조제도로서 국가의 도움이 필요한 빈곤한 모든 국민에게 생계, 주거, 교육, 의료 등 기본적인 생활을 제도적으로 보장하는 제도.

▌기초노령연금

우리나라 65세 이상 전체 노인의 70%에게 매월 일정액의 연금을 지급, 노인의 생활 안정을 지원하고 복지를 증진함을 목적으로 정해진 제도.

▌Senior pass

만 65세 이상의 노인들에게 지급하는 어르신 무임 교통카드.

▌보편적 복지론

Universal welfare. 소득 수준에 상관없이 모든 사람에게 복지급여를 제공하는 것이다.

▌제한적(선별적) 복지론

Selective welfare. 저소득층 등 복지급여를 꼭 필요로 하는 사람에게만 혜택을 주는 것이다.

▌고령화 사회 vs 고령사회 vs 초고령 사회

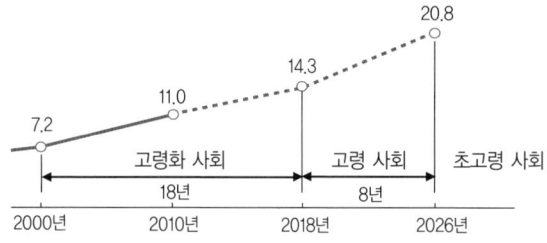

- ●고령화 사회 : 65세 이상 인구의 구성비가 전체의 7% 이상일 때.
- ●고령사회 : 65세 이상 인구의 구성비가 전체의 14% 이상일 때.
- ●초고령 사회 : 65세 이상 인구의 구성비가 전체의 20% 이상일 때.

▌고령화 지수

연소층(0~14세) 인구 대비 노령층(65세 이상)의 비율.

▌인구의 노령화

고령화 지수의 증가.

Agequake
저출산 고령화 사회의 충격. 영국의 작가인 폴 윌리스의 표현이다.

복지함정
Welfare trap. 일할 수 있음에도 일을 하지 않고(세금을 내지 않고) 빈둥거리며 놀기만 한다면 정부의 재정의 상당 부분이 실업수당으로 지출되기 때문에 정작 투자할 곳에 돈이 가지 않아 사회 전체가 빈곤해진다는 이론.

복지 포퓰리즘
국가재정을 고려하지 않고 인기에 영합해 과도한 복지정책을 추진하는 경향을 일컫는 신조어.

근로장려세제
EITC, Earned Income Tax Credit. 근로빈곤층에게 근로장려금 지원을 통해 근로의욕 제고 및 실질소득을 지원해주는 근로연계형 소득지원제도. 일을 통한 빈곤탈출과 경제적 자립을 지원하는 능동적·예방적 복지제도이다. 전년도 부부합산 연간소득이 1,700만 원 미만인 근로자 가구에 전년도 소득기준 연간 120만 원까지 지급된다.

Misery Index
경제고통지수. 소비자물가상승률+실업률. 국민이 느끼는 경제적 고통의 정도를 보여주는 지수로, 154개 생필품으로 구성된 소비자물가 상승률과 주 17시간 이하 단시간 취업자를 실업자로 포함하는 체감실업률을 더해 산출한다.

Working poor
근로빈곤자. 직장을 갖고 일을 해도 가난에서 벗어나지 못하는 현상.

House Poor
주택 구입으로 가난해진 사람들. 내 집 마련의 꿈을 이뤘으나 주택가격 하락과 금리 부담으로 큰 손해를 보고 있는 사람들을 뜻한다.

▌Rent poor

하우스푸어의 전세판. 급등하는 전셋값을 감당하는 데 소득의 대부분을 지출
하느라 저축 여력도 없고, 여유 없이 사는 사람들을 일컫는 말이다.

▌Edu-poor

비싼 자녀 교육비 충당 때문에 생활이 어려워지는 현상.

▌Honeymoon poor

과도한 결혼 자금으로 빚내서 결혼하는 경우 생활이 어려워져 가난에서 벗어
나지 못하는 현상.

▌인간개발지수

HDI, Human Development Index. 세계은행의 후생지표. 1인당 평균소득과
같은 물질적 부뿐만 아니라 예상수명, 영아사망률, 문맹률, 교육수준 등 삶의
질과 같은 측면을 포함하고 있다.

▌NNW

Net National Welfare. 국민복지지표. 한 나라 국민의 생활 복지 및 사회 복
지의 수준을 나타내는 지표. GNP를 기초로 개인소비, 재정지출, 공해방지,
여가 등의 4개 항목을 가감해 추진되고 있다.

12. 세금과 지하경제

▌선별적 증세
특정 부유층(예 ; 자산 상위자 1%)에 대한 '선택적' 증세.

▌보편적 증세
비과세 · 조세감면 축소 등을 통한 증세.

▌버핏세
투자의 귀재로 불리면서 활발한 기부활동으로 유명한 워런 버핏 버크셔 해서웨이 회장의 이름을 딴 부유층 대상 세금을 말한다.

▌저커버그세
소셜네트워크서비스(SNS) 페이스북의 마크 저커버그 페이스북 창업자 겸 CEO의 이름에서 따온 것이다. 주가 상승으로 보유한 주식의 가치가 상승하는 경우 보유 주식의 평가 차익분에 대해서도 과세해야 한다는 세금 전문가의 뉴욕타임스(NYT) 칼럼에서 비롯됐다.

▌準조세
조세는 아니지만, 실질적으로 조세와 같은 성질의 공과금이나 기부금을 일컫는 용어. 전국경제인연합회 등의 경제단체는 '기업이 기업활동 과정에서 부담하는 순수한 생산비용과 조세를 제외하고 경제적인 부담요인이 되는 일체의 금전지급의무'로 설명하고 있다.

▌스텔스세금
몰래 뜯어가는 세금(Taxed by stealth). 레이더에 포착되지 않고 적진에 침투하는 스텔스 전투기처럼 납세자들이 세금을 내고 있다는 사실을 느끼지 못하도록 하는 세금으로, 탄산음료세 · 사탕세(사탕에 부과하는 세금) 등이 대표적이다.

▌지하경제

지하경제(underground economy)에 대한 경제학적 정의는 과세의 대상이나 정부의 규제에서 벗어나기 위하여 합법적 · 비합법적 수단이 동원되어 이루어지는 숨은 경제를 뜻한다.

13. 정부예산과 경제정책

▌歲計잉여금

정부 재정에서 1년 동안 필요한 지출 비용을 다 지출하고 국고에 남는 출납 잔액. 다음 해의 세입에 이월된다. 세계잉여금 발생은 곧 흑자재정(또는 긴축예산)과 정부 저축을 뜻한다.

▌추가경정예산

예산 성립 후에 발생한 사유 때문에 이미 성립된 예산을 추가 · 변경하여 작성한 예산. 추경은 주로 국가 비상국면 발생 시 사용한다.

▌ZBB

Zero-Base Budgeting. 전체 예산 항목을 대상으로 매년 제로에서 출발하여 과거의 실적과 우선순위를 다시 분석 · 사정하여 예산을 편성하는 방법. ZBB 는 희소한 자원을 가장 효율적으로 배분함으로써 경영 관리의 효율성을 높이는 방법으로 평가받고 있다.

▌공적자금

Public fund. 예금보험공사나 자산관리공사가 국회의 동의를 얻어 정부의 원리금 지급보증을 받아 채권을 발행해 조성한 자금.

▌Bail out

도산 방지 목적의 정부 특별융자.

▌Work out

기업 재무구조 개선작업. 이미 부실해진 기업에 대해 채권단이 부채상환을 유예하고 빚을 깎아주며 신규자금도 지원해 기업을 정상화시키는 제도.

■ Pre-work out

아직 부실화되지는 않았지만, 일시적 자금난으로 흑자 부도 위험에 처한 기업들에 워크아웃 프로그램을 확대하는 것.

■ Fast Track

중소기업에 대한 총액대출한도 등 정부의 긴급 유동성 지원 프로그램을 뜻한다.

■ 출구전략

Exit strategy. 경기침체기에 경기를 부양하기 위하여 취하였던 각종 완화정책을 경제에 부작용을 남기지 않게 하면서 서서히 거두어들이는 전략. 출구전략의 대표적 정책은 이자율의 인상이다. 막대한 유동성 공급에 따라 지나치게 낮은 금리가 지속될 경우 인플레이션 압력을 받기 때문이다.

■ Baby Step

점진적인 금리 인상. 앨런 그린스펀 전 미국 연방준비제도이사회(FRB) 의장이 시장의 충격을 고려해 조금씩 꾸준히 금리를 올리자 월가에서 이를 '베이비 스텝(아기 걸음마) 긴축'으로 부른 데서 유래했다.

■ Giant step

베이비 스텝과는 반대로 공격적인 금리 인상은 '거인의 발걸음(Giant Step)'으로 부른다.

■ 양적완화

Quantitative Monetary Easing. 중앙은행이 기준금리를 통해 간접적으로 유동성을 조절하는 방식이 아니라 장기 정부채 매입 확대를 통해 본원통화를 계속 공급함으로써 직접 시장에 통화량 자체를 늘리는 정책.

■ Policy lag

정책 시차. 어떤 경제 문제가 발생할 경우 정부와 중앙은행이 해당 문제를 인식하고 이에 대한 경제정책을 수립하고 집행하는 데 있어 실제로 효과가 나타나는 데까지 걸리는 시간.

▌ 샤워실의 바보

A fool in the shower room. 오락가락하는 정부 정책에 대한 빈정거림.

14. 환율 · 국제수지

▌Bretton woods system

1944년 미국 뉴햄프셔주의 브레턴우즈에서 탄생한 국제적인 통화제도 협정 (고정 환율제 채택). 이 협정에 따라 IMF와 IBRD가 설립되고 미국 달러화를 기축통화(key currency)로 하는 금환본위제도가 시행된다.

▌스미스소니언 합의

1971년 12월 워싱턴의 스미스소니언박물관에서 열린 10개국 재무장관회의에서 합의된 국제통화에 관한 일련의 조치를 일컫는다. 달러의 고정환율제를 재확인하는 과정이었으나 1976년 킹스턴체제로 막을 내리게 된다.

▌킹스턴테제

1976년 1월 자메이카의 수도 킹스턴에서 개최된 IMF 잠정위원회에서 합의된 새로운 국제통화면에서의 협력체제(변동환율제 채택).

▌플라자합의

1985년 미국이 독일과 일본 등 무역 흑자국에 대해 자국 통화의 절상을 유도한 협약. 이 때문에 우리 한국은 1980년대 후반 3저 현상에 의한 경기 호황 혜택을 누렸으나 1998년 외환위기를 맞이한다.

▌달러 페그제

Dollar peg. 달러 연동제. 달러에 연동되어 환율이 결정되는 방식으로 홍콩달러가 대표적이다. 페그는 말뚝을 뜻한다. 중국은 2010년까지 페그제를 사용했다.

▌원/달러 환율 ↔ 원화 가치

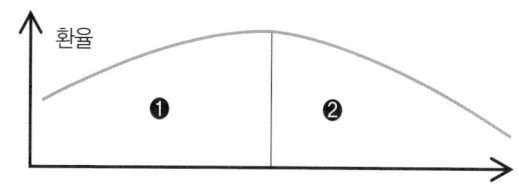

시기	원/달러 환율 변동	원화가치
❶	1100 → 1200(환율 상승)	원화가치 하락
❷	1200 → 1100(환율하락)	원화가치 상승

▌J-커브 효과

무역수지개선을 위해 환율상승(평가절하)을 유도하더라도 그 초기에는 무역수지가 오히려 악화되다가 상당기간이 지난 후에야 개선되는 현상. 발생이유는 기본적으로 환율변동에 따른 수출입가격의 변동과 이에 따른 수출입물량 조정 간에 시차가 존재하기 때문이다. → 환율이 상승하는 추세에 따른 수출기업들의 느긋한 밀어내기.

▌역 J-커브효과

환율이 오를 때 수출이 일시 감소하다가 일정 기간이 지나면서 증가세로 돌아서는 J-커브의 반대현상이다. 환율이 하락하는 초기에는 수출이 잠시 증가하지만(환율하락에 따른 환차손 발생을 예상하는 수출업체의 급한 밀어내기 현상) 결국 가격 경쟁력이 약해져 수출이 감소하는 현상을 말한다.

▌Smoothing Operating

미세조정. 파인튜닝(Fine Tuning)이라고도 한다. 경제활동 수준의 급격한 변동을 막기 위해 외환 당국이 환율·금융·재정 부문 등의 정책수단을 상황에 따라 수시로 적용하는 행위.

▌국제수지

國際收支. BOP(Balance of payments). 일정 기간 행한 국가 간의 모든 경제적 거래를 체계적으로 분류한 것.

▌글로벌 불균형

Global imbalance. 미국의 경상수지 적자와 미국 이외 국가의 경상수지 흑자가 지속되는 현상. 미국의 과잉 소비에 따른 경상적자와 아시아 국가들의 대규모 흑자 간의 불균형을 일컫는 표현이다. 이 같은 글로벌 불균형 문제를 해결하기 위해 미국은 대규모 무역 흑자국과 환율전쟁을 일삼아 왔는데, 과거 80년대에는 당시 최대 무역 흑자국인 일본과 독일(서독)을 글로벌 불균형 당사국으로 지명하고서 고단위 환율인하 압력을 행사했으며(1985년 플라자 합의), 2010년에는 중국과 환율전쟁을 벌였었다. 특히 최근 들어 미국을 비롯한 선진국의 부채비율은 빠르게 증가하고 있으나 신흥국은 고성장과 대규모 재정 흑자를 바탕으로 오히려 부채비율을 줄여가고 있어 세계경제의 불균형 문제에 대한 선진국의 불만이 고조되고 있다.

▌외환보유액

外換保有額. FOREX. FOReign EXchange reserves. 정부와 한국은행의 보유 외환(금과 달러·엔·마르크 표시 외화채권 등의 합계)과 특별인출권(SDR), IMF포지션으로 구성된다. 통화 당국의 외화자산 중 유동성이 결여되어 있는 국제기구에 대한 대출·출자·출연자산 및 민간보유분은 제외된다. 외환 당국이 시중의 외환을 사들임으로써 일어난다.

▌Moratorium

지불유예기간(支拂猶豫期間). 국가나 지방자치단체가 외부에서 빌린 돈의 만기 상환을 일방적으로 미루는 행위를 통칭한다.

▌Default

공·사채에 대한 이자 지불이나 원금 상환이 불가능해진 것으로, 보통 채무

불이행이라고 한다. 정부가 외국에서 빌려 온 빚을 상환기간 내에 갚지 못한 경우에도 해당한다.

▌Triffin's dilemma

미국의 1950년대 수년간 경상수지 적자가 이어지자 이러한 상태가 얼마나 지속 가능할지, 또 미국이 경상흑자로 돌아서면 누가 국제 유동성을 공급할지에 대한 문제가 대두했다. 당시 예일대 교수였던 로버트 트리핀(Robert Triffin)은 미 의회 연설에서 "미국이 경상적자를 허용하지 않고 국제 유동성 공급을 중단하면 세계 경제는 크게 위축될 것"이라면서도 "그러나 적자 상태가 지속돼 미 달러화가 과잉 공급되면 달러화 가치가 하락해 준비자산으로서 신뢰도가 저하되고 고정환율제도 붕괴할 것"이라고 증언했다. 이는 한마디로 답이 없다는 이야기인데, 여기서 '트리핀의 딜레마'라는 신조어가 만들어졌다.

▌Negative system

수출입 제한 상품 리스트 외의 품목은 모두 수출입을 개방하는 무역제도.

▌Positive system

교역대상 상품 리스트를 정해놓고 그 외의 상품은 모두 금지하는 제도.

▌Quota system

수입할당제 또는 수입쿼터제. 비자유화품목(IQ 품목, import quota system) 에 대해 수입량을 할당해서 수입을 제한하는 제도.

▌Barter system

구상무역제. 물물교환으로 두 나라 사이의 대차(貸借)의 차액을 내지 않고 행 하는 무역.

▌Link system

연계무역제. 수출을 조건으로 수입을 허용하는 무역거래 방식.

▌수입허가제

자국 이외의 국가들로부터의 물품 수입이 과도해지는 것을 막기 위해 수입을 허가하는 제도.

▌상계관세

相計關稅. Compensation duties. 수출국이 수출품에 장려금이나 보조금을 지급하는 경우 수입국이 이에 의한 경쟁력을 상쇄시키기 위하여 부과하는 누 진 관세.

▌할당관세

割當關稅. Quota tariff. 수입품의 일정한 수량을 기준으로 일정 한도 초과분에 고율을 부과하는 관세.

▌조정관세

調整關稅. 일시 세율을 조정하여 부과되는 관세.

▌계절관세

특정 계절에 한하여 (주로 농산물에) 부과되는 관세.

▌슬라이딩관세

수입가격에 따라 다른 관세율을 적용하는 관세.

▌탄력관세

국내산업보호, 물가안정 등을 위하여 정부가 국회의 위임을 받아 일정한 범위에서 관세율을 인상 또는 인하할 수 있는 권한을 갖도록 한 관세제도.

▌최혜국대우

MFN, Most-Favored-Nation treatment. 통상조약이나 항해조약을 체결한 나라가 상대국에 대하여 가장 유리한 혜택을 받는 나라와 동등한 대우를 하는 것.

▌NTC

Non-Trade Concerns. 비교역적 품목. 식량안보·환경보호 등의 문제로 가격의 우열에 의한 수입개방 요구를 수용할 수 없는 농수산물 품목. 우리나라는 쌀·보리 등 15개 품목을 비교역적 품목으로 지정해 1990년 말 GATT에 제출했으나 1991년 초부터 이들 품목의 개방 정도에 대해 유연성을 취하고 있다.

▌비관세 장벽

NTB, non-tariff barriers. 직·간접적으로 무역제한 효과를 주는 수단. 관세 이외의 방법으로 정부가 외국 상품을 차별하는 규제. 유럽의 국경 조정세나 수입 과징금 제도, 미국의 수입 수량 제한 제도 따위를 이른다.

▌WTO

World Trade Organization. 세계무역기구. 세계 무역장벽을 감소시키거나 없애기 위한 목적으로 등장한 GATT 대체 기구.

▌Embargo

한 나라가 특정 국가에 대해 직·간접 교역 투자 금융 거래 등 경제 부문의 모든 거래를 중지하는 금수조치. 원래 엠바고는 한 나라가 특정 국가의 항구에 상선의 입항 및 출항을 금지하도록 법으로 명령하는 것을 말한다.
●언론에서의 엠바고 : 보도 유예 조치. 일정 기간 보도를 유예하는 것. 비보도를 전제로 정보를 흘리는 오프더레코드(off the record)와는 다른 의미로 사용되고 있다.

▌Legal heaven & Tax heaven

법 등의 규제 피난처, 조세 피난처. 이전에는 세금을 줄이기 위해 세금피난처에 자회사를 설립했으나 최근에는 기업의 법률적 행동 범위까지도 고려해 더 유리하고 자유로운 국가나 지역에 적극 진출하고 있다.

▌Social dumping

국제수준보다 현저히 낮은 임금수준을 유지함으로써 절감된 원가의 제품을 해외시장에서 염매하는 행위.

▌보호무역

국가가 국내 산업을 보호, 육성하면서 대외 무역을 통제해야 한다는 주장.

■ New protectionism

신보호주의. 1970년대 중반 이후 선진국들의 비관세수단을 이용한 무역제한 조치.

■ Uruguay Round

8차 다자간 무역협정. 관세 및 무역에 관한 일반 협정(GATT)의 제8차 다자간 무역협상. WTO 체제를 출범시켰다(1994 모로코 마라케시 선언). 농업분야의 자유무역 강화, 서비스·지적재산권 분야의 신규 추가를 특징으로 한다.

■ 다자간 협상

Multilateral Negotiation. 통상협상방식의 하나로 통상 문제를 양자 간 해결하는 쌍무협상과는 달리 UR 협상처럼 여러 국가가 동시에 협상을 진행하는 방식이다.

■ Blue Round

세계 각국의 근로조건을 국제적으로 표준화할 목적으로 추진되는 다자간 무역협상.

■ Green Round

지구 환경문제를 국제무역거래와 연계할 때 관세 및 무역에 관한 일반협정 (GATT)을 중심으로 맺어지는 협상.

■ Corruption Round

부패라운드. 1999년 2월 15일 발효된 OECD의 해외뇌물방지협약. 건전한 국제 상거래 질서를 구축하기 위해 경제협력개발기구(OECD)를 주축으로 체결한 협상.

■ Competition round

경쟁라운드. 경쟁정책라운드 또는 규제라운드라고도 한다. 각국의 서로 다른 경쟁조건을 국제적으로 표준화시키는 협상. 각국의 공정한 조건의 경쟁을 촉구하고 있다.

▌Techno-round

나라마다 다른 기술개발 지원정책을 국제적으로 표준화시키려는 협상. 선진국에 축적되어 있는 과학기술을 개발도상국이 힘을 들이지 않고 이용하고 있다는 인식에서 비롯된 것으로, 선진국이 후발국의 기술정책에 대한 규제의 필요성을 제기하여 가시화됐다.

▌밀레니엄 라운드

농산물을 비롯하여 공산품은 물론, 서비스 분야에 이르기까지 전산업을 총망라한 대규모의 다자간 무역협상. 1998년 3월 30일 유럽연합(EU) 국가의 통상장관들이 2000년에 밀레니엄라운드(MR)를 개최하는 일에 노력하기로 합의한 데서 비롯되었다. 이 무역협상은 비관세무역장벽의 감축, 지적재산권의 보호와 투자규정, 금융서비스의 개방 등이 주 대상이 될 것으로 예상한다.

▌Globalization

세계화. 전 세계적으로 서로 밀접한 관계를 갖게 되는 과정을 일컫는 표현이다. 삶의 범위가 국가와 지역 범주를 넘어 국경 없는 사회로 확대되는 것을 말한다.

▌Localization

지역화 또는 현지화. 상호 인접한 특정 지역의 국가들이 고유의 특성에 따라 가장 지역적인 것을 만들어가는 일련의 과정을 말한다.

▌Glocalization

Globalization(세계화)과 Localization(현지화)을 합성한 신조어로 세계화를 추구하면서 동시에 현지국가의 기업풍토를 존중하는 경영방식을 뜻하는 말이다.

▌FTA

Free Trade Association. 자유무역협정. 수출입 관세와 시장점유율 제한 등의 무역 장벽을 제거하기로 약정하는 조약.

▌관세동맹

자유무역지역에서 볼 수 있는 관세·수입수량할당제의 폐지 등 이외에도 가맹국 이외의 국가에 대한 관세를 일률적으로 부과한다. 베네룩스 관세동맹이 이에 해당한다.

▌공동시장

관세동맹에서 한 걸음 더 나아가 상품의 자유유통뿐만 아니라 이동 가능한 생산요소의 자유 이동도 실현하고자 하는 것이다. 중·미 공동시장이 여기 속한다.

▌RTA

Regional Trade Agreement. 지역무역협정. 소수 회원국 간에 배타적인 무역 특혜를 주는 협정. 지역무역협정에는 자유무역협정(FTA), 관세동맹(Customs Union), 공동시장(Common Market), 완전 통합 형태의 단일시장(Single Market) 등의 형태가 있다.

▌EU

EU(European Union)는 대다수 서유럽 국가들이 공동의 경제·사회·안보 정책의 실행을 위해 창설한 국제기구. 마스트리히트 조약(1992.2.7 체결, 1993.11.1 발효)에 따라 창설됐다. 현재 가입국 수는 27개국.

▌NAFTA

North America Free Trade Agreement. 미국·캐나다·멕시코 3국이 관세와 무역 장벽을 폐지하고 자유 무역권을 형성한 협정. 1992년 12월 3국 정부가 조인하여 94년 1월부터 발효되었다. 미국의 자본, 캐나다의 자원, 멕시코

의 노동력 등 각국의 강점이 서로 융합된 가장 이상적인 형태의 경제블록이
나. 회원국이 역내의 단일관세 및 수출입제도를 공동으로 적용하지 않고 자
국의 고유관세 및 수출입제도를 그대로 유지하면서 무역장벽을 완화하거나
철폐하는 방식을 채택했다.

▌RCEP

Regional Comprehensive Economic Partnership. 역내 포괄적 경제동반자
협정. 역내 포괄적 경제동반자 협정은 무역에 한정된 FTA보다 더 넓은 의미
의 경제교류협정이다. 무역뿐만 아니라 경제, 기술, 투자 협력 등 다양한 경제
관계를 포괄하는 협정으로 2003년 6월 중국이 홍콩과 이 협정을 맺으면서 널
리 알려졌다. 2012년 11월 프놈펜 동아시아 정상회의(EAS)에서 RCEP에 합
의한 국가들은 모두 16개국으로 늘었다. 아세안 10개국과 아세안의 FTA 파
트너인 한국과 중국, 일본, 호주 등 6개국이다.

▌TPP

Trans-Pacific Partnership or Trans-Pacific Strategic Economic
Partnership. 환태평양전략적경제동반자협정.

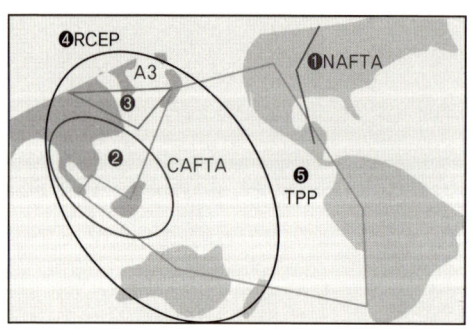

▌MERCOSUR

Mercado Comun del Sur. 브라질 · 아르헨티나 · 우루과이 · 파라과이 4개국
에 의해 1995년 1월에 발족한 남미공동시장.

ASEAN

Association of South-East Asian Nations. 동남아시아의 지역협력기구. 설립 당시 회원국은 필리핀·말레이시아·싱가포르·인도네시아·타이 등 5개국이었으나, 1984년의 브루나이에 이어 1995년 베트남이 정식으로 가입하고, 이후 라오스·미얀마·캄보디아가 가입하여 아세안은 10개국으로 늘어났다. 동남아시아 지역의 경제적·사회적 기반 확립과 각 분야에서의 평화적이며 진보적인 생활 수준의 향상을 목적으로 한다.

CAFTA

China-ASEAN Free Trade Agreement. 중국-아세안 자유무역협정. 중국과 아세안, 곧 동남아시아국가연합 10개국 사이에 체결한 자유무역협정(FTA)을 말한다. 2002년 11월 자유무역협정을 체결하기 위한 기본 협정에 서명하였고, 2010년 1월 정식 발효되었다.

D8 Group

말레이시아, 이집트, 이란, 방글라데시, 파키스탄, 나이지리아 등 회교권 8개 개도국이 발족시킨 경제무역협력기구

EFTA

European Free Trade Association, 유럽자유무역연합. 2007년 현재 아이슬란드, 리히텐슈타인, 노르웨이, 스위스 4개국이 활동하고 있다. 한국과는 한-EFTA FTA 협정이 발효되었다.

TAFTA

Transatlantic Free Trade Area. 대서양을 사이에 둔 미국과 유럽이 관세를 없애고 서로 자유롭게 무역을 하는 지역으로 변화하는 것을 뜻한다. 자유무역지대가 만들어지면 교역국가 간 관세나 기타 무역 제한이 없어지기 때문에 교역량이 늘어나며 이에 따른 경제협력도 확대된다.

▌경제블록

세계 경제의 지역주의 추세에 따라 인접 국가들끼리 자유주의, 무차별주의를 적용하는 하나의 경제권.

▌FTA의 장단점

- ●장점 : 자유로운 상품거래와 문화교류를 통한 상호 이해 증진과 효율적 자원배분.
- ●단점 : 자국의 취약산업 붕괴와 사회적 갈등. 산업간 무역(Inter industry trade)의 문제점(자원 배분 소득 분배).

▌스파게티볼 효과

Spaghetti Bowl Effect. 여러 나라와 동시에 FTA를 체결하면 나라마다 다른 원산지규정 적용, 통관절차, 표준 등을 확인하는 데 시간과 인력이 더 들어 거래비용 절감이 애초 기대효과보다 반감되는 현상.

▌지리적 표시제

보성 녹차, 보르도 포도주 등과 같이 특정 지역의 우수 농산물과 그 가공품에 지역명 표시를 할 수 있도록 해 생산자와 소비자를 보호하는 제도. 통상마찰 우려(미국의 치즈업계).

▌Emerging Market

자본시장 부문에서 급성장하고 있는 국가들의 신흥시장. 우리말로는 '떠오르는 시장', '신흥시장' 정도로 번역된다. 특히 자본시장 부문에서 개발도상국 가운데 상대적으로 경제성장률이 높고 산업화가 빨리 진전되고 있는 나라의 증시를 일컫는 표현으로 사용되고 있다. 이들 증시에 포함되는 국가로는 한국을 비롯해 러시아, 동유럽국가, 브라질, 중국 등이 대표적이다. 이들 증시의 특징은 성장성은 높게 평가되나 그만큼 손실위험도 적지 않다. 전 세계 증시를 대상으로 움직이는 외국 펀드들은 대개 10% 정도를 이머징 마켓 주식에 투자하고 있다.

▌BRICs

급속한 경제성장을 거듭하고 있는 브라질 · 러시아 · 인도 · 중국 등의 신흥경제 4국을 일컫는 말. 이들 네 나라가 2050년에 세계 경제를 주도하는 가장 강력한 나라가 될 잠재력이 있다는 주장을 골드만삭스가 발표하면서 사용되기 시작했다. 그 이후 '브릭스'는 또한 'BRMIC(M은 멕시코)', 'BRICS(S는 남아프리카공화국)', 'BRICET(E는 동유럽, T는 터키)' 'BRICKs(K는 대한민국)' 등으로 확장되어 사용되고 있다.

▌Chindia

중국과 인도의 합성어. 가장 대표적인 이머징 마켓(경제성장률이 높고, 산업화가 빠르게 진행되고 있는 신흥시장)으로 평가받고 있다.

▌ASEAN

Association of Southeast Asian Nations. 동남아시아국가연합. 1967년에 설립된 동남아시아 10개국(베트남, 라오스, 인도네시아, 브루나이, 태국, 미얀마, 말레이시아, 필리핀, 싱가포르, 캄보디아)의 정치, 경제, 문화 공동체. 총인구 5억 7,000만 명, 국내총생산(GDP) 1조 달러에 달하는 거대 시장이자 각종 천연자원이 풍부하게 생산되는 자원의 보고이다.

▌BSEC

Organization of the Black Sea Economic Cooperation. 흑해경제협력기구. 터키와 러시아를 비롯해 우크라이나, 그리스, 루마니아, 불가리아, 세르비아, 그루지야, 알바니아, 아르메니아, 아제르바이잔, 몰도바 등 12개국이 1992년 결성한 흑해경제협력기구. 유럽으로 에너지를 공급하는 세계 2위의 원유 · 천연가스 매장지역이다.

▌VISTA

베트남, 인도네시아, 남아프리카공화국, 터키, 아르헨티나 5개국의 머리글자를 딴 용어이다. '브릭스'에 이어 새로운 유망 시장으로 부상하고 있다.

▌PoST-VM

폴란드(Po), 슬로바키아(S), 터키(T), 베트남(V), 말레이시아(M) 등 신흥 시장 5개국에 대한 별칭이다.

▌TVT

Turkey, Vietnam, Thailand. 브라질, 러시아, 인도, 중국 등 인구 및 자원을 바탕으로 최대 신흥시장으로 떠오른 브릭스(BRICs) 이후를 떠맡을 유망시장으로 지목되고 있다.

▌NEXT 15

세계적 투자은행인 골드만삭스가 세계 경제 성장을 주도할 국가로 지목한 'NEXT 11' 국가(멕시코·나이지리아·파키스탄·필리핀·터키·베트남·인도네시아·이란·이집트·방글라데시 등)를 중심으로 브릭스(중국·인도·브라질·러시아)와 남아프리카공화국을 더한 개념이다.

▌Next 11

BRICs라는 개념을 처음 도입했던 미국의 금융기관인 골드만삭스가 선정한 새롭게 떠오르는 11개국을 말한다. 골드만삭스는 2005년 12월 12일 발표한 세계경제보고서에 한국과 방글라데시, 이집트, 인도네시아, 이란, 멕시코, 나이지리아, 파키스탄, 필리핀, 터키, 베트남 등을 〈넥스트 11〉로 지칭하면서 이들 가운데 경제규모가 1,2위인 한국과 멕시코의 잠재력을 가장 높게 평가했다. 특히 한국의 탄탄한 성장세를 강조하면서 브릭스에 한국을 포함해 브릭스(BRICKs)로 바꿔야 한다는 주장이 국제시장 전문가들 사이에서 제기되고 있다고 소개했다.

▌MAVINS

앞으로 10년 동안 브릭스(BRICs, 브라질·러시아·인도·중국)의 뒤를 이을 것으로 예상되는 6개 신흥 경제국가를 말한다. 마빈스(MAVINS)는 멕시코, 호주, 베트남, 인도네시아. 나이지리아, 남아프리카공화국의 첫 번째 글자를

딴 것으로 미국 경제 전문 사이트 비즈니스 인사이더(businesssinsider.com)
가 2001년 1월 처음 사용했다. 마빈스 6개국은 넓은 영토와 높은 인구 증가
율, 풍부한 자원을 가지고 있다. 마빈스의 인구는 6억 6,200만 명에서 2030
년 8억 1,000만 명, 2050년 9억 300만 명으로 각각 22.3%, 36.4% 증가할 것
으로 예상된다. 이 같은 인구 증가에 힘입어 마빈스 경제 규모는 2009년 미국
의 31% 수준에서 2020년 54%, 2050년에는 244%로 커질 전망이다. 마빈스
는 또 아프리카, 북중미, 동남아 등을 대표하는 자원 부국들이다. 니켈 우라늄
아연 등은 세계 매장량의 20~40%를 차지하고 있다.

CIVETS

BRICs 이후의 차세대 유망 투자대상 신흥시장 그룹으로 지목된 Colombia,
Indonesia, Vetnam, Egypt, Turky, South-Africa 등을 일컫는다. 이들 나
라는 브릭스에 비해 경제규모는 작으나 견실한 성장을 하고 있을 뿐만 아니
라 청년층 인구 비중이 높고 천연자원도 풍부해 브릭스 이후 세계 경제의 새
로운 성장동력으로 평가받고 있다. CIVETS 국가의 최대 강점은 인구가 상
대적으로 많고 인구증가율 역시 높아 평균연령(27세 이하)이 낮으며 경제활
동인구 비중이 높다는 점이다. 특히 콜롬비아, 인도네시아, 이집트, 남아공화
국 등은 에너지 자원과 광물자원의 주요 생산국으로서 높은 경제성장률, 투
자환경 개선, 사회간접자본 확충 등에 따라 이들 국가로 외국인직접투자
(FDI)가 급속 확대되고 있다. 그러나 인도네시아를 제외한 여타 CIVETS 국
가는 높은 수준의 경상수지 적자를 지속해서 기록하고 있는데, 이는 환율 변
동성 확대와 물가 불안 등을 통해 안정적인 경제성장을 저해할 뿐만 아니라
장기적으로 대외 채무 누적으로 인한 외환위기 리스크의 증대를 초래할 가능
성이 높다.

레반트시장

새로운 수출시장으로 급부상하고 있는 중동 4개국에 대한 별칭. 레반트 지역
은 요르단, 시리아, 이라크, 레바논 등 4개국이 포함된 중동 지역을 일컫는다.

▌BIICs

브라질, 인도, 인도네시아, 중국. 조셉 나이 하버드대 교수가 처음 쓰기 시작했다.

▌ICK

인도, 중국, 한국. 월스트리트저널(WSJ)이 2011년 매력적인 투자대상국을 언급하면서 쓴 용어.

▌MIKT

멕시코, 인도네시아, 한국, 터키. 짐 오닐 골드만삭스 회장이 새로 만든 용어.

▌Frontier Market

신흥시장(Emerging Market) 중 증시 규모가 작고 역사가 짧아 투자자들에게 덜 알려진 '차기 이머징마켓'. 신흥시장보다 덜 알려진 변방에 위치한다는 뜻으로 '프론티어 마켓'이라고 이름이 붙었다. 2007년에는 우크라이나, 크로아티아, 루마니아, 슬로베니아, 모로코, 나이지리아, 페루, 콜롬비아, 카자흐스탄 등이 프런티어마켓으로 꼽힌다. 프런티어마켓은 일반적으로 거래량, 투자자, 상장기업이 매우 적으며 규제가 약하고 거래 종목에 대한 정보가 부족해 투자 위험이 이머징마켓보다 높다.

▌미국의 쇠퇴

Decline of America. 16조 달러에 이르는 어마어마한 국가부채와 매년 1조 달러씩 늘어나는 정부의 예산적자로도 측정이 가능해진다.

▌일본병

Japanese Disease. 저출산에 따른 인구감소, 노령화, 노령연금 지급을 위한 국채발행 악순환(부채함정), 장기침체(디플레이션 회오리) 등으로 일컬어지는 일본 특유의 경제적 현상을 말한다.

- Galapagos Syndrome : 그 자체로서는 아주 훌륭한 유전자를 가지고 있지만 시대 환경에 적응하지 못하고 스스로 고립된 경우를 일컫는다. 뛰어난 기술에 대한 자만심이 오히려 환경 변화의 부적응자로 나타난 꼴이다. 일본 전자산업의 부진을 일컫는다.

▌Euro-zone

유로화 통용 17개국의 별칭. 유럽연합의 단일화폐인 유로를 국가통화로 도입하여 쓰는 나라 또는 지역을 통틀어 가리키는 말로서 1999년 1월 1일 유로가 공식 도입되면서 탄생하였다. 유로존의 통화정책은 유럽중앙은행이 담당한다.

- 마스트리히트조약 : EC(유럽공동체)가 시장통합을 넘어 정치 · 경제적 통합체로 결합하기 위해 네덜란드의 마스트리히트에서 EC 정상 간에 합의한 유럽통합조약으로 유럽동맹조약(Treaty on European Union)이라고 한다.

▌유럽병

과다한 복지지출 때문에 재정파탄과 저성장 · 고실업에 처한 유럽의 현 경제 상태를 이르는 용어.

- PIGS : 남유럽의 재정 취약국인 포르투갈, 이탈리아, 아일랜드, 그리스, 스

페인 등의 나라 이름 이니셜을 따서 만든 용어. 위기에 직면한 유럽 국가가 증가하면서, PIGS에 아일랜드(Ireland)가 포함된 'PIIGS', 영국(Great Britain)이 포함된' PIGGS'라는 용어도 사용되고 있다.

- STUPID : 재정적자가 심각한 스페인(S), 터키(T), 영국(UK), 포르투갈(P), 이탈리아(I), 두바이(D) 등의 첫 글자를 묶은 표현이다.
- 그렉시트(Grexit) : 그리스(Greece)와 출구(exit)의 합성어. 1999년 유로존(유로화 사용 17개국) 출범 이후 13년 만에 그리스가 첫 유로존 이탈국이 될 가능성이 높아지면서 최근 유럽에서 만들어진 신조어다.
- 스펙시트(Spexit) : 스페인(Spain)과 출구(exit)의 합성어. 스페인의 유로존 이탈을 뜻한다. 유로존 4위 경제 대국인 스페인의 부실에 대한 신조어다.

▌시시퍼스의 바위

악순환의 연속이자 죽음의 소용돌이. 세계의 언론은 그리스의 처지를 신화에 나오는 시시퍼스가 밀어 올리지만 계속 굴러 내리는 바위 밀기에 비유했다. 그리스는 경제를 회복시켜 부채를 지속 가능한 궤도에 올려놓아야 하고, 성난 외국인 투자자를 안심시켜야 하며, 경기침체에 지친 시민에게 희망을 줘야 하는 과제를 안고 있다.

▌Los indignados

'분노한 사람들'이라는 뜻의 스페인어로, 2010년 봄 스페인의 젊은 층이 주도한 시위를 지칭한다.

▌룰라노믹스

브라질의 시장 친화적 좌파경제정책.

- 언차이나 : 중국과는 다른 방향으로 성장해온 브라질 경제를 일컫는다. 중국은 제조업 중심인 반면 브라질은 1차 산업을 중심으로 발전하고 있다.
- 브라질 경제의 한계 : 2010년 세계 경제력 순위 7위에 이름을 올린 브라질 경제는 거의 농산물에 의존하는 실정이다.

▌내일의 중국

- ●G2 : 세계의 정치 · 경제 질서를 지배하는 미국과 중국 두 나라에 대한 별 칭.
- ●Pax Sinica : 중국에 의한 세계 평화 유지.
- ●차이메리카 : Chimerica. 중국(China)과 미국(America)의 합성어. 니얼 퍼 거슨 하버드대 교수가 '금융의 지배(The ascent of money)'에서 처음 썼 다. 중국이 상품을 수출해 번 달러로 미 국채를 구입하면 미국은 그 돈으로 재정 적자를 메우고 다시 중국 상품을 소비하는 식의 경제적 연결고리를 차 이메리카로 표현했다.
- ●大國堀起 : '대국이 우뚝 일어서다'의 뜻이다. 3조 5천억 달러의 외환보유 액을 무기로 국제경제에서 영향력 확대에 나선 것은 물론 동아시아의 첫 항 공모함인 바랴그호 시험운항, 스텔스 전투기 젠-20 개발 등 군사력도 확대 하며 아시아 지역 안보에도 입김을 키우고 있다.

▌3백 산업

1950년대 한국 산업에서 중추적 역할을 했던 산업으로서, 제품이 흰색을 띠는 세 가지(三白, 밀가루-설탕-면직물)를 지칭하는 말.

▌Lock-in Effect

감금효과. 엄청난 전환비용(switching cost)으로 인하여 한번 선택한 것에 계속 집착하게 되는 효과.

▌Trickle-down effect

낙수효과. 수출이 잘되면 경제가 성장하면서 고용도 창출되는 효과.

▌고용 없는 성장

Jobless Growth. 국가 전체적으로는 생산이 증가해 성장이 이루어짐에도 고용 증가는 성장률에 비해 현저히 떨어지는 현상.

▌Outsourcing

특정 이유로 일감을 제3자에게 주는 행위.

▌Off-shoring

특정 이유로 일감을 제3 국에게 주는 행위. 생산시설의 해외이전을 뜻하기도 한다.

▌오프쇼어 아웃소싱

관리와 엔지니어링, 연구개발, 기술 지원 등 기업의 전사적 프로세스 영역에 대해 전체나 일부를 제3의 국가에 이전해 운영하는 경영기법이다. 기업들은 인도, 중국, 동유럽 등 인건비가 싸고 시차를 활용할 수 있는 해외에서 업무를 처리하도록 해 비용절감과 생산성 향상을 꾀하고 있다.

▌산업 공동화

Deindustrialization. 산업의 해외 직접투자 증가로 인해 국내 생산 여건이 저하되는 현상 → 고용 감소 촉진.

▌20-50클럽

1인당 소득 2만 달러(20K, K는 1000 의미), 인구 5,000만 명(50M, M은 100만을 의미)을 동시에 충족하는·나라들을 뜻한다. 국제사회에서 1인당 소득 2만 달러는 선진국 문턱으로 진입하는 소득 기준, 인구 5,000만 명은 인구 강국과 소국을 나누는 기준으로 통용된다. 한국을 포함해 세계 7곳밖에 없다.

▌한국의 FTA

정부는 세계적인 FTA 확산 추세에 대응하여 안정적인 해외 시장을 확보하고 개방을 통해 우리 경제의 경쟁력을 강화하기 위해 FTA를 적극 추진한 결과 아시아권에서는 가장 우수한 성과를 내고 있다는 평가를 받고 있다.

● 칠레 : 최초 발효

● 싱가포르 : 서비스 · 금융 · 물류부문 강점

● EFTA : 유럽자유무역엽합 4개국

● ASEAN : 아세안 10개국 중 태국을 제외한 9개국 대상으로 상품 부문만 발효, 서비스와 투자 부문은 협상 중

● 인도 : CEPA(포괄적 경제 동반자 협정) 방식으로 체결

● EU : 2011년 7월1일 발효

● 미국 : 2012년 3월15일 발효

▌역(逆) Nut – cracker 발상

디지털 시대 이후 한국이 정보기술(IT) 분야에서 급속한 발전을 이루면서 반도체 · 가전제품 · 휴대폰 등 세계 최고의 정보기술 국가로 발돋움하게 되자 '가격은 일본보다 낮고, 기술은 중국보다 앞서 있다' 라는 상황에 대한 표현이

다. 따라서 일본과 중국의 현실 사이를 파고드는 틈새 전략으로 사용된다.

● Nut Cracker : 호두 까기 기계. 한국이 세계무대에서 경제적으로 처한 현실을 빗댄 표현으로 사용되고 있다. 즉, 기술과 품질에서는 선진국보다 낮고 가격은 신흥국보다 높다는 특징을 말한다. 특히 일본과 중국 틈새에 끼어있는 상황에 대한 설명으로 사용되고 있다.

▌Hidden champion
강소기업. 기술력과 창의력을 갖춘 수출 주도형 강소기업 육성.

▌경제민주화
'국가는 균형 있는 국민경제의 성장 및 안정과 적정한 소득의 분배를 유지하고, 시장의 지배와 경제력의 남용을 방지하며, 경제주체 간의 조화를 통한 경제의 민주화를 위하여 경제에 관한 규제와 조정을 할 수 있다'(헌법 제119조 2항).

▌동반성장
대기업과 중소기업이 함께 성장하는 것. 시장경제의 원리(경쟁과 협력) 부합, 지속적 성장 목표 달성, 효율적 자원배분(경제가치) 실현.

18. 부채문제

▌LTV

Loan To Value Ratio. 주택담보인정비율. 은행들이 주택을 담보로 대출하는 경우 적용하는 담보가치(평가액) 대비 대출가능금액 한도. LTV 비율이 높을수록 대출 금액은 많아진다.

▌DTI

Debt To Income Ratio. 총부채상환비율. 대출금의 연간원리금(원금+이자) 상환액과 기타 부채의 이자상환액을 합한 금액이 부부합산 연소득에서 차지하는 비율.

DTI에 따른 지역별 대출 규제

연소득 대비 원리금 상환 비율 한도

투기지역
(서울 강남 · 서초 · 송파구) ---------- 40%

투기지역 외
서울시내 ---------- 50%

수도권 ---------- 60%

완화

▌깡통주택

부동산 경기침체 장기화로 집값 하락이 지속되는 가운데, 집을 팔더라도 대출금이나 세입자 전세금을 다 갚지 못하는 주택을 말한다.

▌Debt-deflation

Debt-deflation(부채디플레이션)은 물가 하락으로 실질금리(명목금리 – 물가상승률)가 상승하면 '채무부담 확대 → 담보자산 처분 → 자산가치 하락 → 물가 하락 → 실질금리 상승 → 채무부담 확대' 로 나타나는 악순환 현상.

▌디지털 경제

Digital Economy. 네트워크를 기반으로 현실세계와 다른 가상공간에서 이루어지는, 종전의 산업사회에서는 전혀 볼 수 없던 경제현상. 디지털 혁명의 산물이다.

▌속도의 경제

속도의 경제(Economies of Speed)는 업무의 속도, 상품회전 속도 등의 향상을 통해 효율화를 기하는 경제를 일컫는다. 특히 디지털 경제는 규모의 경제(economy of scale)보다 속도의 경제가 중요시되는 패러다임이다. 따라서 디지털에 속도를 입히는 경제의 효율성을 추구하면 더욱 높은 성장을 이룰 수 있다고 전문가들은 주장하고 있다.

● **속도의 경제와 한국인의 빨리빨리 정신** : 속도의 경제 개념이 한국 특유의 근면성과 '빨리빨리' 정신은 속도의 경제와 가장 잘 들어맞는다는 설명이다.

▌인터넷경제

인터넷에 기반을 둔 제품 및 서비스 활동으로 창출한 부가가치의 총합. 포털 서비스와 모바일 인터넷 서비스, 인터넷 게임이나 뱅킹 등에 대한 총칭이다.

▌인터넷 경제 3원칙

인터넷 경제에서 통용되는 3대 원칙으로, 무어의 법칙과 메트칼프의 법칙, 가치사슬을 지배하는 법칙의 세 가지를 총칭하는 말.

● **무어의 법칙** : 마이크로 칩의 처리능력은 해마다(뒤에 18개월 간격으로 수정) 2배로 증대된다.

● **메트칼프의 법칙** : 네트워크의 가치는 참여자 수의 제곱에 비례한다.

● **가치사슬의 지배법칙** : 조직은 계속 거래비용이 적게 드는 쪽으로 변한다.

▋Patent Troll

특허괴물. 상품을 직접 생산하거나 판매하지는 않지만, 특허권이나 지식재산 권을 집중 보유함으로써 타기업으로부터 로열티(특허 사용료)를 받거나 특허 소송을 통해 이익을 창출하는 특허관리 전문회사를 가리키는 말이다. 직접 제품을 제조하는 IT 선두권 업체들도 자체 원천기술과 특허권을 앞세워 특허 괴물로 활약하기도 한다. 최근 한국기업이 특허괴물 회사들의 표적이 되고 있다.

▋FRAND 특허

Fair, Reasonable And Non-Discriminatory. 나중에 라이선스료를 특허권 자에게 주고 해당 특허권을 공정하고 합리적이며, 무차별적으로 사용할 권리 를 일컫는다.

● 프랜드 원칙 : 표준특허를 가지고 있는 특허권자가 공정하고 합리적이고 비차별적으로 특허를 제공해야 한다는 원칙.

▋First Mover

선발 주자.

● 이점 : 새로운 시장 개척에 따른 시장 독점과 강한 브랜드 인지도(각인효과).
● 단점 : 후발 추격자(Fast Follower)의 거센 도전.

▋Fast Follower

날쌘 추격자

● 이점 : First Mover 모방에 따른 시간과 비용 절약.
● 단점 : 선발주자 모방에 따라 형성되는 낮은 브랜드 인지도(낙인효과).

▋Platform

여러 참여자가 가치 있는 것을 만들어 서로 나누는 토대를 말한다. 다양한 상 품을 생산하거나 판매하기 위해 공통으로 사용하는 기본 구조다. 여러 참여 자가 참여할수록 부가가치는 기하급수로 상승하는 효과를 낸다.

●저커버그의 법칙 : 페이스북에서 공유되는 정보는 매년 2배로 늘어난다. 개
방형 구조에서는 작은 개인도 유기적으로 연결된 거대 네트워크 속에서 자
신의 가치를 증대시킬 수 있게 된다.

▋따뜻한 기술경쟁 시대 개막

따뜻한 기술(warming technology)은 기계가 사용자 행동과 의도를 읽고 그
에 맞춰 동작한다는 의미로, 의식적으로 문자와 버튼으로 조종해야 하는 차
가운 기술과 대비되는 개념이다.

●따뜻한 기술 : 꼭 필요한 사람에게 맞는 기술을 적용해 사회생활을 돕는 기
술. 휴대폰의 터치기술이 대표적이다.

●차가운 기술 : 기기를 직접 버튼을 누르거나 조작해 작동시키는 기술.

▋따뜻한 기술 적용 사례

●Siri : 감정이 담긴 인공지능 기술을 적용한 애플의 대화형 소프트.

●삼성 갤럭시S3 : 기계가 사용자 행동과 의도를 읽고 그에 맞춰 작동하는 따
뜻한 기술을 입혔다.

▋거센 디지로그 바람

디지로그는 디지털(digital)과 아날로그(analog)의 합성어로 아날로그 사회에
서 디지털로 이행하는 과도기, 혹은 디지털 기반과 아날로그 정서가 융합하
는 첨단기술을 의미한다. 정보통신 기기 사용자가 자신의 입맛에 맞게 직접
제작하는 'DIY(Do it yourself)'가 인기를 끌면서 스마트 기기에도 디지로그
바람이 불고 있다.

▋소비자 감성과 데카르트 마케팅

데카르트 마케팅은 기술(tech)에 예술(art)을 접목한 마케팅 기법을 뜻하는 신
조어. 차가운 첨단기술 제품의 이미지에 따뜻함을 입히거나, 유명 예술인과
의 협업을 통해 소비자의 감성을 만족시키고 제품의 이미지 상승효과를 거두
려는 목적의 소비자 감성 호소 마케팅 기법이다.

▌Mobile First

스마트폰 등 모바일 기기 우선형 웹 서비스. 모바일 서비스와 기기의 비중이 높아지는 경향을 일컫는다.

▌Mobile Only Service

카카오톡과 같이 웹 기반 없이 모바일 환경에서 인터넷을 즐기는 서비스 제공 형태와 이용 환경을 말한다. 4,400만 다운로드가 이뤄진 모바일메신저 카카오톡은 PC 버전 서비스를 하지 않고 있다.

- ●Mobile Only 서비스 현황 : 스마트폰이 대중화되며 이를 중심으로 인터넷 산업의 패러다임이 변화하고 카카오톡으로 대변되는 다양한 무선 인터넷 서비스와 소셜네트워크서비스(SNS)가 등장했다. 모바일 열풍과 함께 네이버와 다음, 구글 등 인터넷 시대 기득권을 가졌던 업체들도 모바일 시대 주도권 확보 전략에 심혈을 기울이고 있다.

▌통신망 중립성

Network Neutrality. 통신망을 통해 전송되는 모든 전자적 통신은 컨텐츠, 어플리케이션, 서비스, 단말기 제공사업자 및 최종 이용자와 관계없이 동등하게 취급되어야 한다는 원칙.

▌SNS

Social Network Service. 온라인 인맥 구축을 목적으로 개설된 커뮤니티형 웹사이트이다. 미국의 트위터, 페이스북, 한국의 싸이월드, 미투데이 같은 1인 미디어와 정보공유 등을 포괄하는 개념이다.

▌집단지성 vs 친구지성

- ●집단지성 : The wisdom of crowds. 衆智. 다수의 개체가 서로 협력하거나 경쟁을 통하여 얻게 된 집단적 지적 능력.
  - → 인터넷(모두에게 길을 묻다)
- ●친구지성 : The wisdom of friends. 다수의 친구가 서로 협력하거나 경쟁

을 통하여 얻게 된 집단적 지적 능력.

→ 페이스북(친구에게 길을 묻다)

▌Big Data

온라인과 모바일(Mobile)을 통해 엄청난 양의 다양한 정보가 실시간에 가까운 속도로 흘러들어와 기존의 데이터베이스 관리 시스템이 수집 · 저장 · 관리 · 분석할 수 있는 역량을 넘어설 만큼 거대해서 통제하기 어려운 데이터 집합 또는 이를 분석하는 기법. 마치 범람하는 홍수처럼 인간의 처리 · 관리 용량을 훨씬 넘어설 정도로 거대하게 생성된 데이터 집합을 뜻한다. 결국, 정보의 홍수시대에 이에 대한 분석력이 경쟁력이며, 데이터가 곧 자산(Asset)이라는 뜻이다. 2012년 스위스 다보스 포럼에서 미래 경제활동의 화두로 부상했다.

▌Big Brother

조지 오웰의 소설(1984년)에 나오는 감시자. 모든 정보를 손에 쥔 사람이나 기업을 일컫는다. 조지오웰의 『1984년』은 음울한 미래에 대한 소설이다. 절대 권력으로 표현되는 빅 브라더라는 독재자는 시민의 모든 행동을 감시한다.

▌Phablet

Phone + Tablet

▌기후변화협약

1992년 브라질 리우데자이루에서 체결한 지구 온난화 방지 협약을 일컫는다. 정식명칭은 '기후변화에 관한 유엔 기본 협약(United Nations Framework Convention on Climate Change)'이다. 기후변화에 관한 범국가적인 협약은 1979년 G.우델과 G.맥도날드 등 과학자들이 논의를 시작했다. 그 후 1987년 제네바에서 제1차 세계기상회의가 열렸고 여기서 정부 간 기후변화채널(IPCC-InterGovernmetal Panel on Climate Change)을 결성했다. 1988년 6월 캐나다 토론토에서 주요 국가 대표들이 모여 지구 온난화에 대한 국제협약 체결을 공식으로 제안했다. 1990년 제네바에서 열린 제2차 세계기상회의에서 기본적인 협약을 체결했고, 1992년 5월, 브라질 리우데자이루에서 기후변화협약을 정식으로 체결했다.

▌IPCC

Intergovernmental Panel on Climate Change. 유엔 정부 간 기후변화위원회(IPCC)는 유엔 산하의 세계기상기구(WMO)와 유엔환경계획(UNEP)이 인간의 활동이 기후 변화에 미치는 위험을 평가하기 위해 1988년 11월 공동으로 설립한 조직이다. 기후 변화에 관련된 과학적·기술적 사실에 대한 평가를 제공하고 국제적 대책을 마련하기 위한 유엔 산하의 정부 간 협의체 성격을 띠고 있다.

▌교토 의정서

Kyoto Protocol. 기후변화협약 가입국들이 합의한 구체적인 온실가스 감축 계획이다. 2008~2012년 40개 선진국이 90년 대비 온실가스 배출량을 평균 5.2% 더 줄이기로 약속했다.

▌CO_2 발생의 특징

CO_2는 1차 에너지(석탄, 원유, 천연가스 등) 그 자체에서는 발생하지 않는다.

단, 1차 에너지를 가공한 2차 에너지(휘발유, 경유, 중유, 연탄 등)에서 주로 발생한다.

▌탄소세

환경세의 일종으로, 이산화탄소와 같은 온실가스의 방출 시에 부과되는 세금. 대개 화석연료를 사용하는 매체에 부과되며, 원자력, 수력, 풍력 등에는 적용되지 않는다.

▌CDM

Clean Development Mechanism, 淸淨開發體制(청정개발체제). 기후변화협약 총회에서 채택된 교토의정서 제12조 규정에 따라 지구 온난화 현상 완화를 위해 선진국과 개발도상국이 공동으로 추진하는 온실가스 감축사업 제도.

▌탄소배출권 거래제

온실가스 배출 권리를 사고팔 수 있도록 한 제도로, 온실가스 중 배출량이 가장 많은 이산화탄소에 대한 거래제를 시행함으로써 이 같은 명칭이 붙여졌다. 각 나라 또는 기업이 부여받은 할당량 미만으로 온실가스를 배출하면 여유분을 다른 국가나 기업에 팔 수 있고, 이 반대로 배출 할당량을 초과하면 다른 국가나 기업에서 배출권을 사들일 수 있도록 한 것을 말한다.

▌녹색성장

Green Growth. 에너지와 자원을 절약하고 효율적으로 사용해 기후변화와 환경훼손을 줄이고, 청정에너지와 녹색기술의 연구·개발을 통해 새로운 성장동력을 확보하며 새로운 일자리를 창출해나가는 등 경제와 환경이 조화를 이루는 성장으로, 환경과 성장 두 가지 가치를 포괄하는 개념이다.

▌녹색금융

Green Finance. 녹색산업을 신성장 동력산업으로 발전시키기 위한 금융서비스를 일컫는다. 경제활동 전반에 걸쳐 자원 및 에너지 효율을 높이고 환경을 개선하는 상품 및 서비스의 생산에 자금을 제공하여 국가 전체의 녹색성장을 이룰 수 있도록 유도하는 금융서비스를 말한다.

- ●녹색금융상품 : 수출금융, 중소기업금융, IT벤처금융과 같은 성격의 Targeted financing의 일종이다. 태양광, LED 등 녹색 산업을 이끄는 기업에 대한 우대금리 적용 대출, 녹색산업에 투자하기 위한 목적의 녹색펀드 · 녹색예금 · 녹색채권 등.
- ●탄소펀드 : Carbon Fund. 교토의정서 발효 이후 선진 각국의 주요 정책과제가 된 청정에너지 개발체제를 금융투자의 방식으로 해결하는 도구로서, 지구온난화를 막기 위해 온실가스 저감사업에 투자한 결과로 확보한 탄소 배출권을 매매함으로써 얻은 이익을 투자자에게 나눠주는 신종 금융상품.
- ●Eco Fund : 각종 에너지 등의 상품에 직접 투자하거나 이와 관련된 산업에 종사하는 기업의 주식을 사는 데 투입되는 자금.

▌CITES

Convention on International Trade in Endangered Species of Wild Fauna and Flora. 멸종위기에 처한 동 · 식물 교역에 관한 국제협약.

21. 금융 일반

▌그레셤의 법칙

가치가 서로 다른 화폐가 동일한 명목가치를 가진 화폐로 통용되면, 소재 가치가 높은 화폐(Good Money)는 유통시장에서 사라지고 소재가치가 낮은 화폐(Bad Money)만 유통되는 현상. 그레셤은 이를 "악화가 양화를 구축한다(Bad money drives out good money)"고 표현했다.

▌유동성

Liquidity. 한마디로 돈을 뜻한다. 경제학에서는 화폐도 하나의 자산형태라는 관점에서 필요한 시기에 어떤 자산을 현금으로 전환할 수 있는 정도라고 설명하고 있다. 즉, 어떤 자산을 빠르면서도 손실 없이 현금화시킬 가능성(환금성)을 말한다.

▌유동성 선호설

Theory of liquidity preference. 자산의 한 형태로서의 화폐는 유동성이 100%에 달하기 때문에(유동성 위험 0) 화폐를 다른 자산보다 더 선호한다는 케인즈의 화폐수요이면서 이자율 결정이론. 사람들이 자산을 보유하는 경우 증권 등의 투자 형태로 보유하지 않고 화폐·당좌예금과 같은 유동적 형태로 가지려는 욕구(화폐에 대한 수요)를 '유동성 선호설'이라고 한다.

● 거래적 동기 : 개인과 기업의 현재 필요한 현금수요.
● 예비적 동기 : 미래의 불확실한 위험에 대비하기 위한 현금수요.
● 투기적 동기 : 현재 시점에서 이득을 얻기 위한 투자 동기로서 현금 수요.

▌금리의 종류(명칭에 따른 해설)

● 정책금리 : 중앙은행이 시중의 통화량을 조절하기 위해 정책적으로 결정하는 금리. 추상적 개념이다.
● 정책목표 금리 : 제한적인 인플레이션 하에서 지속 가능한 경제성장 달성을

달성하게 유도하는 금리.
- ●기준금리 : 한 국가의 금리체계의 기준이 되는 중심금리. 현재 한국은행은 환매조건부채권(RP) 7일 물을 기준금리로 사용하고 있다.
- ●명목금리 : 또는 표면금리. 외부로 표현되는 금리.
- ●실질금리 : 명목금리를 물가상승 분으로 조정한 금리. 명목금리에서 물가상승분을 차감하면 실질금리가 된다.
- ●시장금리 : 특정한 금리를 의미하는 것이 아니라 시장에서 자금의 수요와 공급에 의해 자유롭게 결정되는 금리를 말한다. 대표적인 시장금리에는 회사채 수익률, 콜금리, CD 91일 물 수익률 등을 들 수 있다.
- ●시장연동금리 : 금융시장에서 조달하는 자금에 대한 금리 등을 고려한 금리를 말한다.
- ●실세금리 : 보통 3년 만기 국고채수익률, CD (91일 물)유통수익률, 콜금리 등을 말한다. 정부나 정부금융기관이 아닌 민간 금융기관이 정한 금리를 일컫는다.
- ●실효금리 : 실질적으로 부담하는 금리. 대부금에 대한 금리 이외에 적금이나 보험 등에 가입(꺾기, 양건예금)하는 비용을 포함한 금리를 이른다.
- ●콜금리 : Call rate. 일시 자금부족 현상이 생긴 금융기관이 타 금융기관으로 자금(call money)을 빌릴 때 적용된다. 대개 하루 또는 이틀 정도로 기간이 짧다.
- ●우대금리 : Prime rate. 큰 은행이 최우량기업에 빌려주는 경우에 적용되는 대부금리.
- ●제로금리 : ZIR, zero interest rate. 단기금리를 사실상 0%에 가깝게 유도하는 금리 정책을 말한다.

▌LIBOR

영국 런던에서 우량은행끼리 단기자금을 거래할 때 적용하는 금리. 금융기관이 외화자금을 들여올 때 국제금융시장의 기준금리로 활용되고 있다.

▌CD 금리

CD금리는 CD(Certificate of Deposit, 은행이 정기예금에 대해 발행하는 무기명잔고증명서) 유통 수익률을 금리지표로 사용하는 방식이다.

▌COFIX

Cost Of Funds Index. 자금조달 비용지수. 자금조달비용이라고도 한다. 은행이 고객에게 돈을 빌려주기 위한 자금 조달에 드는 비용(금리+기타 부수비용)을 지수화한 것이다.

▌리스금융

리스란 필요 설비 등을 직접 구입하지 않고 이를 소유해 있는 회사 등으로부터 일정 기간 빌려 사용하되 그 대가로 약정 수수료를 지급하는 것을 일컫는다. Lease는 기계, 설비 등을 일정 기간 임대차하는 것을 말한다.

▌소매(Retail)금융

또는 소비자금융. 은행이 소규모의 금융을 제공하는 경우를 가리킨다.

▌할부금융

고객이 제품 구입 시 물품대금을 특정 금융 기관이 지급키로 하고, 고객은 일정 기간 해당 금액을 나누어 내는 금융 서비스 형태.

▌팩토링금융

기업이 상거래 대가로 받은 매출채권을 신속히 현금화하여 기업 활동을 돕자는 취지로 개발된 금융서비스. 금융기관이 기업의 상업어음, 외상매출증서 등의 매출채권을 담보로 자금을 빌려주는 형태다.

▌Shadow banking

그림자은행. 중앙은행 대출제도 및 예금보호제도의 지원대상은 아니지만, 은행과 유사한 금융중개 기능을 수행하는 금융기관을 뜻한다.

Universal bank

상업은행(CB)과 투자은행(IB)이 결합한 형태. 독일, 프랑스, 스위스의 은행들처럼 은행 업무와 증권 업무를 겸업하는 은행을 말한다. 현재의 영-미계 은행과는 다른 형태로 운영되고 있다.

Mega Bank

초대형 은행. 세계적 은행들과 경쟁할 정도의 자산 규모를 갖춘 은행에 대한 통칭.

Super Bank

자본금도 크고 지점도 많아 덩치가 큰 은행을 지칭하는 표현.

Leading Bank

선도은행. 덩치와 상관없이 새로운 금융상품 개발이나 경영방법 등에서 다른 은행보다 앞서 가는 은행.

Store Bank

연중무휴로 운영되는 은행점포. 24시간 무인점포와는 다른 성격이다.

Soft banking

은행이 본연의 업무 외에 부가 서비스를 제공하는 것. 은행이 카드회사나 보험회사 등과 제휴·연계하여 이들의 업무영역을 대신하는 서비스를 제공하는 방카슈랑스, 마일리지 서비스, 경품, 신상품 할인티켓 등.

Private banking

은행이 거액 자산가들을 대상으로 자산을 종합 관리해 주는 고객 서비스. 대부분 장기 예금으로서 수익성이 높아서 새롭게 주목받고 있는 자산 관리 방법이다.

▋Gold banking

은행의 금괴 판매와 보관 서비스.

● 골드리슈 : 신한은행이 판매하고 있는 금 적립상품. 신한은행만의 독점 상품
  이다.

▋여신전문회사

수신(예금)기능 없이 여신(대출)업무만을 취급하는 금융기관. 리스회사, 신용카
드회사, 캐피털회사 등이 이에 속한다.

● 리스회사 : Lease. 기업이 필요로 하는 기계 · 설비 · 기기 등을 직접 구입하
  여 정기적으로 사용료(이자)를 받고 이를 빌려주는 회사. 채권, 사채, ABS 등
  으로 자금을 조달해 조달금리와 사용료 사이의 차액을 마진으로 한다.

● 할부금융회사 : 내구소비재 산업설비와 기계 등의 할부판매에 대하여 분할지
  급방식으로 금융을 제공하는 회사.

▋금융지주회사

금융지주회사법상 '금융지주회사(financial holding company)'는 주식 또는
지분의 소유를 통하여 1개 이상의 금융기관을 지배하는 것을 주된 사업으로 영
위하는 회사. 자회사의 경영관리와 그에 부수하는 업무 외에 영리를 목적으로
하는 다른 업무를 영위하지 못하므로 '순수지주회사'만 허용된다.

▋국제금융기구

● IMF : International Monetary Fund. 국제통화기금. 세계무역 안정을 목적
  으로 설립한 국제금융기구. IBRD와 함께 국제금융기관의 중심적 존재로 통
  한다. 의결권은 가입 회원국의 출자지분에 따라 정해진다.

● IBRD : International Bank for Reconstruction and Development. 세계은
  행(World Bank)이라고도 한다.

● IDA : International Development Association. 국제개발협회. IBRD의 자
  매기구. 개발도상국 대상 융자 주목적이다.

● ADB : Asian Development Bank. 아시아개발은행. 아시아와 극동지역의

경제성장 및 경제협력을 증진을 목적으로 설립된 국제개발은행이다.

● ADF : Asian Development Fund. 아시아개발기금. 아시아 지역 개발도상국에 싼이자의 개발자금을 융자하기 위하여 설립된 기금.

● AFDB : African Development Bank. 아프리카개발은행.

▌세계적 신용평가회사

스탠더드 앤 푸어스(S&P), 무디스(Moody's), 피치(Fitch), 더프 앤 펠프스(Duff & Phelps) 등.

▌NIM

Net Interest Margin. 순수이자 마진. 은행 등 금융기관이 자산을 운용해 낸 수익에서 조달비용을 차감해 운용자산 총액으로 나눈 수치로, 금융기관의 수익력을 나타내는 지표이다.

▌역마진

Reverse margin. 금융기관의 조달금리(수신금리)가 대출금리(여신금리)를 웃도는 경우에 그 차이를 말하는 것으로, 금융기관 간 예금이나 대출 경쟁 또는 일시적인 금리 왜곡 등에 의해서 발생한다. 역마진현상은 은행의 수익성 악화 근원으로 지목된다.

▌예대율

預貸率, loan-deposit ratio. 은행의 예금잔액에 대한 대출잔액의 비율. 은행경영이나 국민경제의 중요한 지표가 된다. 고객 예금의 지급준비 관계 때문에 80%를 적정선으로 보고 있다.

▌Over Loan

예금보다 과다한 대출을 뜻한다. 은행의 대출, 유가증권 등이 예금과 자기자본의 합계액을 초과한 경우이다. 시중은행은 지급준비율 관계로 예금잔액에 대한 일정비율까지를 한도로 하여 대출하게 되어 있는데, 이 비율을 넘긴 경우를 일킨다. 금융부실로 이어질 가능성이 커진다.

▮SIFI

Systemically Important Financial Institution. 금융시장에서 대마불사(大馬不死, too big to fail) 문제를 불러일으킬 수 있을 만큼 비중이 큰 기관으로서, 시스템적으로 중요한 금융회사

▮Stress Test

'금융시스템 스트레스 테스트'의 준말. 경기 침체 등 외부충격에 대한 금융회사들의 위기관리 능력을 평가하는 프로그램이다. 경제상황이 극도로 악화되는 경우 발생할 위험을 측정하기 위한 방법으로 사용되고 있다. 2008년 미국발 금융위기 때 등장한 이후 일상용어로 사용되고 있다. 삼성증권은 '자기자본 충실도'란 표현으로 번역해 사용하고 있다.

▮Arm's length rule

'한 팔 거리 원칙'. 상업은행과 투자은행 관계에서 생길 수 있는 불공정 거래, 무분별한 결합, 간섭 등의 부작용을 최소화하기 위해 적정한 거리를 유지해야 한다는 의미로 사용되고 있다.

▮유동성 위기

돈이 돌지 않는 현상을 말한다. 1998년의 외환위기와 2008년의 금융위기 때처럼 외부 충격이 발생하거나 경기가 극도로 불안해지면 모든 경제주체가 현금 확보에 나서면서(화폐수요, 이때는 예금마저 인출한다) 들어온 돈을 쓰지 않기 때문에 시중 자금은 극도로 경색된다.

▮Flight to Cash

불안심리 확산으로 사람들이 자산을 현금화시키는 경향. 은행예금마저 인출하는 현상에 대한 표현이다. 위기가 닥치기 전에 일어난다.
●Bank run : 대규모 예금 인출사태. 예금자들이 예금을 찾기 위해 은행으로

몰려가는 것

●Fund run : 펀드 투자자들이 펀드에 투자한 돈을 회수하는 것으로, 펀드의 수익률 저조에서 비롯된다.

▌Flash Crash

갑작스러운 붕괴. 2010년 5월 6일 오후 다우지수가 단 10분 만에 1,000포인트 가까이 급락하자 등장했다. 1987년 10월 19일의 블랙먼데이는 하루 동안이지 만 이날은 단 10분 만에 일어났다.

▌Self-fulfilling crisis

자기실현적 위기. 지나친 위기의식이 투자와 실물경제를 위축시켜 실제로 경제 를 위기상황으로 빠트리는 현상. 1929년 미국 대공황이나 1997년 아시아 외환 위기, 2008년 미국발 금융위기 등에서 자기실현적 위기가 상황을 악화시키는 요인으로 작용했다.

▌Liquidity Trap

시장에 현금이 흘러넘쳐 구하기 쉬운데도 경제주체들이 돈을 움켜쥐고 시장에 내놓지 않는 상황. 즉, 시장에 현금이 흘러넘쳐 구하기 쉬운데도 기업의 생산, 투자와 가계의 소비가 늘지 않아 경기가 나아지지 않고 마치 경제가 함정(trap) 에 빠진 것처럼 보이는 상태를 말한다.

▌토빈세

단기자금이 국경을 넘을 때 매기는 세금을 말한다. 단기성 투기자금인 핫머니 의 급격한 유출입으로 각국의 통화가 급등락하여 통화위기가 촉발되는 것을 막 기 위한 규제 방안으로 제시했다. 노벨경제학상을 수상한 미국의 토빈(James Tobin)이 1978년에 주장한 국제금융거래세를 말한다.

▌은행세

Bank Fee 또는 Bank Levy. 금융기관의 개입(중개 등)에 따른 해외자본의 이동(비예금성 통화부채, 은행이 나라 밖에서 빌린 외화)에 부과하는 부담금. 2008년 금융위기 극복을 위해 금융권에 투입된 공적자금을 회수할 목적으로 만들어진 세금으로, 당시 미국 오바마대통령이 "국민에게 빚진 세금을 마지막 한 푼까지 거둬들이겠다"고 천명하자 '오바마세'라는 별칭이 붙여졌다. 경기가 좋을 때는 무분별하게 외부에서 자금을 빌려 공격적으로 주식, 파생금융상품 등에 투자해 수익을 올리다가 경기가 나빠져 금융위기가 닥치면 국민의 혈세로 위기를 모면하는 은행에 대한 벌칙성 부과금(levy)이다. 유럽에서는 은행부과금으로, 한국에서는 거시건전성부담금으로 불리고 있다.

▌BIS
The Bank for International Settlements 각국 중앙은행들 사이의 조정을 맡는 국제협력기관으로 '중앙은행들의 중앙은행'으로 불린다.

▌바젤위원회
바젤은행감독위원회(BCBS, Basel Committee on Banking Supervision)의 약칭으로, 은행감독에 관한 협력 증진을 목적으로 1974년 설립된 BIS 산하 위원회를 말한다.

PART 4
자기소개서
작성법

1. 스펙 vs 커뮤니케이션 능력

스펙이란?

2004년 12월 10일 자 뉴스메이커는 '스펙'에 대하여 '직장을 구하려는 사람들 사이에서 학력, 취득 자격증, 특별 능력 따위를 합한 것을 이르는 말'이라고 정의 내리고 있다. 그리고 언제부터인가 취업 준비자들이 출신학교와 자격증 취득 여부, 특별 능력, 그리고 해외 연수나 인턴 경험 여부 등을 종합해 '스펙'이란 두 글자로 줄여 부르고 있다는 설명을 곁들이고 있다. 즉, 학창 시절 동안 자신이 확보할 수 있는 외적 조건의 총체라는 것이다. 이에 학생들은 소위 '높은 스펙'이 취업을 길을 열어 준다고 믿는 듯하다. 이 같은 이유로 '취업 5종 세트' 또는 '금융 3종 세트'라는 유행어도 생겨나고 있다.

기업이 원하는 스펙 vs 그들의 스펙

취업 준비자들이 취업을 위해 자신이 확보할 수 있는 외적 조건의 총체라는 의미로 사용하고 있는 '스펙'. 그러나 기업체가 요구하는 스펙은 취업 준비자들이 말하는 그것과 전혀 다르다.

기업이 원하는 것은 커뮤니케이션 능력

기업이 지원자들에게 다양한 스펙을 요구한다는 것은 맞다. 그러나 기업은 본인의 관심에서 우러나온 열정의 결과물에만 가치를 부여한다. 관심과 열정에서 나온 스펙은 관련 분야의 지식으로 연결되고, 이것이 바로 업무에 대한 이해도가 되며 또 커뮤니케이션 능력이 되기 때문이다.

업무와 연결된 스펙이 돋보여

회사 인사담당자들은 그 무엇보다 지원하는 회사의 사업 분야나 회사 특성, 희망 업무와 관련된 필수 자격증 1개가 더 돋보인다고 말한다. 그만큼 노력했다는 증거이기 때문이다. 즉, 해당 분야에 대한 관심과 열정이 더 중요하다는 지적이다.

획일화된 지원자들 가운데 다른 사람은?

회사 인사담당자들은 지난 1990년대 이후 취업준비자들의 모습이 거의 획일화되어버린 상태라고 말한다. 무엇인가 자신을 내세우기 위한 스펙을 찾으면서 자신을 틀 속에 끼워 맞춘 듯한 느낌이 강하다는 평이다. 그러나 회사는 이렇게 획일화된 사람은 원하지 않는다.

자기소개서 중시 경향 나타나

회사는 개성이 뚜렷하고, 풍부한 유머 감각을 갖췄으며, 회사에 대한 확실한 목표의식으로 자신감이 넘치는 사람을 찾기 위한 수단으로 자기소개서를 중시하게 된 측면이 있다고 말한다.

나 자신을 차별화시키는 방법은?

지금부터 자기소개서가 왜 입사 성공과 실패를 가르는 기준이 되고 있으며, 어떻게 작성해야 면접관의 눈에 쏙 들게 하고, 무엇에 초점을 맞춰야 하는지 등에 대해 구체적으로 살펴보자. 입사 선배들은 자기소개서 작성 항목 중에서 특히 '지원동기' '희망업무' '장래포부' 등이 제일 힘들다고 말하는 편이다. 그러나 입사지원서는 조선시대 과거처럼 그 자리에서 제목을 받아 작성하는 것이 아니라 미리 받아 작성하게 된다. 그런데도 제대로 작성하지 못하는 이유를 든다면 공부를 게을리했거나 준비를 소홀히 했기 때문이다. 공부는 지원자의 몫이다. 그러나 준비 방법은 같이 고민해 볼 수 있다. 특히 입사 선배들이 작성이 가장 힘들다고 말하는 지원동기와 장래희망 또는 포부, 그리고 5~10년 후의 모습을 묻는 항목에서 어떻게 작성해야 비교 우위적 경쟁력을 갖출 수 있는지에 대해 집중적으로 파헤쳐 보기로 하자. 자기소개서가 왜 입사 성공과 실패를 가르는 기준이 되고 있으며, 어떻게 작성해야 면접관의 눈에 쏙 들게 하고, 무엇에 초점을 맞춰야 하는지 등에 대해 구체적으로 살펴보자.

3. 입사지원서 형태 살펴보기

입사지원서 = 이력서 + 자기소개서

회사가 요구하는 입사지원 서류는 이력서와 자기소개서 두 가지가 일반적이다. 대개 일반 기업은 지원자가 직접 작성한 이력서와 자기소개서를 요구하는 반면 은행을 비롯한 대기업들은 자체 제작한 입사지원서 양식을 사용하거나 인터넷으로 작성토록 한다는 점이 다를 뿐이다. 그래도 대기업의 입사지원서는 일반 이력서와 자기소개서의 범위를 벗어나지 않는다.

프리 스타일 vs 지정 스타일

일반 기업이 요구하는 자기소개서는 지원자 자신이 자유롭게 작성하는 프리 스타일(free-style, 자유 기재 양식)이지만 은행을 비롯한 대기업들은 작성항목(또는 제목)을 지정해 놓고 거기에 맞춰 작성해 달라고 요구하고 있다. 여기서 지원자들이 혼란을 겪게 된다. 사실 지원자의 객관적 정보를 요구하는 이력서 항목에 입력할 내용은 고민할 이유가 없다. 이미 객관적으로 드러난 것들이기 때문이다. 그러나 자기소개서는 정해진 양식이 있는 것도 아니고 회사마다 정해진 항목이나 제목이 다르기 때문에 작성 방법과 구성 내용에 대해서 많은 고민을 하게 된다. 또 경우에 따라서는 자기소개서 작성과 관련된 도서의 도움을 받거나 전문 컨설턴트의 첨삭지도를 받기도 하는 모양이다.

경력사원의 자기소개서 vs 신입사원의 자기소개서

최근 취업이 힘든 상황에서 자기소개서가 취업의 운명을 가르는 중요 요소라는 인식이 널리 퍼지면서 자기소개서에 대한 생각을 달리하는 모양이다. 그리고 이 같은 취업준비자들의 심리를 이용한 상업성 유료 첨삭지도가 인기를 끄는 모양이다. 그런데 여기서 우리가 확인해야 할 점은 경력사원의 경우 그들의 자기소개서는 기술경력이므로 정확한 확인을 위해 자기소개서를 아주 세밀히 분석한다. 그러나 신입의 경우 대개 안 읽는다. 수만 명이나 되는 지원자의 자기소개서를 읽을 시간도 사실 없다.

자기소개서 = 상품명세서

자신을 시장에 내다 파는 상품에 비유한다면 자기소개서는 '상품명세서'에 해당한다. 물건을 고르는 고객이 상품명세서에 적힌 재질이나 가공방법, 규격 등을 보고서 품질을 확인하듯이 면접관도 자기소개서라는 상품 명세서를 통해 지원자의 면면을 살피게 된다.

반품과 구매취소가 안 되는 취업시장

취업시장은 그 특성상 상품가치에 대한 평가가 냉혹한 곳이다. 일반 상품은 시장의 기능과 법적인 제도에 따라 반품이나 구매취소가 가능하지만, 취업시장은 이 같은 현상이 일어나서는 안 되는 곳이다. 과거 1997년 외환위기 당시 현대반도체(현재의 하이닉스)는 최종 합격 결정을 내린 지원자들에 대한 채용을 유보하는 바람에 많은 이들이 희생을 감수해야만 했던 적이 있다. 구매자 입장인 회사가 이미 결정한 채용을 파기하거나 취소하는 경우 사회적 문제가 될 수 있다. 따라서 채용에 관한 결정은 매우 신중할 수밖에 없다. 또 그만큼 지원자에 대한 가치 평가도 냉혹한 편이다. 그러므로 자신의 평가 역시 시장이 요구하는 대로 냉혹하게 평가되어야 한다. 그리고 자신에 대한 평가는 기업이 요구하는 평가항목에 따라 이루어져야 한다.

자신의 객관적 경쟁력 분석해보기

구매자 입장의 기업이 가장 먼저 요구하는 것은 지원자의 객관적 정보다. 이력서에 들어갈 내용이지만 이에 대한 평가도 미리 해두는 게 좋다. 특히 취득 자격증과 봉사활동 등에 대한 나름의 평가가 필요하다.
●취득 자격증 : 희망업무와 연계성 정도
●아르바이트 · 인턴 경력 : 담당업무, 업무지식, 얻은 교훈
비록 본인은 자신에 대하여 냉철하게 평가를 했다고 할지라도 기업은 그 이상 훨씬 냉혹하다는 사실을 인식해야 한다.

5. 자기소개서 작성 항목 이해하기

자기소개서 작성항목은?

국내 대기업들이 사용하는 입사지원서의 자기소개서 형식을 보면 대개 아래와
같이 A 또는 B의 형태를 취하고 있다. 기업들은 대개 A 형태를 선호하는 편이
다. 즉, 회사들은 B와 같이 구체적인 제목의 항목이 들어있는 자기소개서 대신
성장 과정, 본인의 장점, 지원 동기, 장래 포부 등 아주 간단한 제목만 제시하는
A 형태를 많이 사용하고 있다.

A 형태	B 형태
●성장 과정 ●장단점 ●지원 동기 ●장래 포부	●인생에서 기억나는 실패 경험 및 교훈 ●인생에서 성공했거나 성취한 경험 및 교훈 ●봉사활동, 단체 활동 등의 목표를 달성하기 위한 노력과 성취 결과 ●학교생활, 봉사활동, 단체 활동 등을 통해 얻은 교훈 ●새로운 것에 대한 도전과 결과, 이유 ●타인과의 마찰경험과 극복방법, 결과 ●희망업무와 연계된 본인의 장점, 이유 ●10년 후의 구체적 모습 ●남들이 말하는 본인의 단점(3개) ●타인이 평가하는 본인의 장점(5개)

회사는 항상 구체적인 경험이나 사례를 요구한다

B형태를 사용하고 있는 회사는 많지 않은 편이지만 우리 학생의 입장에서는 B
가 제시하고 있는 작성 항목을 통해 회사가 요구하는 것이 무엇인지를 알게 된
다. 즉, 회사는 무엇인가 구체적인 경험이나 사례를 요구한다는 점에 유의해야
한다. 따라서 A처럼 구체적인 제목이 없더라도 실제 작성은 B에서 요구하는 내
용처럼 기술하지 않으면 낭패를 보게 된다. 항상 구체적인 사례나 경험에 의한
결과와 교훈 등을 요구한다는 점에 각별한 주의를 요한다.

농협 자기소개서 작성항목

① 성격 장단점(100byte 이하)

② 생활신조(100byte 이하)

③ 취미 및 특기(100byte 이하)

④ 자신이 소중하게 생각하는 것 3가지(100byte 이하)

⑤ 학교생활, 봉사 활동, 단체 활동 등의 경험을 두 가지 기술해주세요.

　－경험 ①

　－경험 ②

⑥ 학교생활, 봉사 활동, 단체 활동 등의 경험(1번 문항에서 기재한 두 가지)에서 본인의 역할과, 이를 통해서 얻은 가장 큰 성과는 무엇인지에 대해 각각 기술하세요.

　－경험 ①

　－경험 ②

⑦ 학교생활, 봉사 활동, 단체 활동 등의 경험(1번 문항에서 기재한 두 가지)에서 목표 달성에 기여한 경험에 대해 각각 기술하세요.

농협이 요구하고 있는 작성 내용 가운데 ①~④번은 간단한 약술형인데 비해 ⑤~⑦번은 구체적 사례와 경험, 결과를 요구하는 서술형이다. 즉, 앞에서 살펴본 A와 B 형태를 합친 혼합형이라고 볼 수 있다.

국민은행 자기소개서 작성항목

① 좌우명(100Byte 이내)

② 타인이 이야기하는 귀하의 매력(100Byte 이내)

③ 직업의 의미(100Byte 이내)

④ KB국민은행이 귀하를 채용해야 하는 이유(100Byte 이내)

⑤ 본인의 성장 과정에 대해서(500Byte 이내)

⑥ 당행에 입사하기 위해 노력했던 분야 및 결과 등(500Byte 이내)

⑦ 본인의 열정을 쏟아 몰입한 경험, 성공 또는 실패 경험 등(500Byte 이내)

⑧ 문학·역사·철학 등 인문분야에 대한 고민과 성찰을 통하여 통찰력, 상상력, 창의력 등을 향상시킨 경험(500Byte 이내)

국민은행 역시 ①~④번은 간단한 약술형인데 비해 ⑤~⑦번은 구체적 사례와 경험, 결과를 요구하는 서술형이다. 그리고 특히 국민은행은 문학·역사·철학 등 인문분야에 대한 독서 또는 성찰 경험을 묻고 있다.

국내 1,000개 대기업이 요구하는 자기소개서 작성항목은?

그럼, 이제 각 항목별로 회사가 요구하는 내용이 무엇인지 구체적으로 살펴보자. 다음은 국내 1,000개 대기업이 요구하는 자기소개서 작성항목을 세밀히 분석하여 얻은 결과물이다.

인생관
- 인생의 목표와 그 이유(실현 가능성 위주로)
- 인생에 가장 영향을 끼친 사건과 해결방법 및 교훈
- 인생 중 가장 도전적인 목표라고 생각하는 것과 이유

성장 과정
- 가장 큰 난관(실패)경험과 해결(극복)방법 및 결과
- 좌절을 겪었던 시기와 이유, 극복 방법과 얻은 교훈
- 지금까지 살면서 이룬 가장 큰 성취감의 내용, 성취과정

학창시절
- 리더십을 발휘해 주도적으로 목표를 실행한 구체적 사례
- 학교에서 발생한 문제의 갈등내용과 해결 과정, 본인의 역할
- 학창시절 성취감을 이루었던 경험과 성취를 위한 노력

성격·장단점·리더십
- 본인의 강점으로 형성된 대인관계
- 본인의 부족한 부분 또는 다듬어야 할 부분과 보완점
- 성격의 특징을 잘 나타낸 경험이나 사례
- 타인과 차별화된 자신만의 개성이나 역량
- 과거 타인과의 갈등을 극복한 사례와 얻은 교훈
- 주도적으로 새로운 것을 도입하거나 변화를 일으킨 사례(타인에게 미친 영향과 본인의 역할 및 공헌도)

●본인이 평가하는 자기 모습과, 남이 평가하는 본인 모습
●최근 성취한 일 중에서 가장 자랑할 만한 것과 힘쓴 노력

봉사활동 · 대외활동
●어려움에 처하였던 경험과 극복과정 및 본인의 역할
●리더십을 발휘한 경험과 결과
●본인의 의사결정으로 성공적인 결과를 가져온 경험
●해외여행을 통해 겪었던 어려움과 해결 과정, 교훈
●해외여행에서 얻은 재미난 에피소드

지원동기
●자신에게 있어서 직장생활의 의미
●지원동기와 앞으로의 비전
●회사에 실질적으로 기여 가능한 부분과 구체적 방법

장래포부 · 비전
●(지원하는 업무에 대한) 현재의 각오
●회사에 기여할 수 있는 부분과 구체적 방법
●(회사 기여에 따른) 10년 후 자신의 모습

희망업무
●남보다 잘할 수 있는 일과 그 이유
●다른 사람과 구별되는 능력이나 자질
●희망업무에 대한 본인의 생각과 적합 이유
●희망업무의 특성과 연계되는 본인의 장점, 기여 가능성(해당 직무에 대한 적성과 열정, 구체적 이유)
●희망업무와 관련된 역량 및 관련 지식
●희망업무의 전문성 제고를 위한 본인의 노력 방법

6. 자기소개는 '가족(가문)소개'가 아니다

은행이 요구하는 〈자기소개〉는?

자기소개서 작성항목은 앞에서 제시한 것처럼 대개 10개 항목으로 분류할 수 있다. 그런데 일반 은행은 대개 〈자기소개〉〈지원동기〉〈입행 후 계획〉 등 달랑 서너 가지만 요구한다. 여기서 〈입행 후 계획〉은 장래 포부 또는 장래 비전, 10년 후의 모습 등과 맥을 같이 한다. 이렇게 제목만 주어진 〈자기소개〉를 어떻게 작성해야 하나?

자기소개는 '가문소개'가 아니다

자기소개는 지원자의 부모나 가족이야기가 아닌 지원자 자신의 이야기(self-introduction)를 말한다. 그런데 대부분의 자기소개는 '언제, 어디서, 어느 가문의 몇 번째로 태어나'로 시작한다. 절대 금물이다. '언제, 어디서, 어느 가문의 몇 번째로 태어났다'는 등의 사실은 이미 이력서에 입력한 내용이다. 그런데 이같은 객관적인 정보를 다시 자기소개서에 서술하기를 요구하는 회사는 없다. 그런데도 지원자들의 자기소개는 대개 '언제, 어디서, 어느 가문~'으로 시작하고 있다. 절대 금해야 한다.

구체적 사례를 통한 'story-telling'

〈인생관〉〈성장 과정〉〈학창시절〉〈성격, 장단점, 리더십〉 등의 항목에서 찾아볼 수 있는 공통점은 지금까지 살아오면서 겪은 어려움, 난관, 고난, 갈등 가운데 가장 기억에 남는 것은 무엇이며, 그것을 어떻게 해결했고, 또 그것으로 부터 얻은 교훈, 그리고 리더십을 발휘한 구체적 사례 등을 묻고 있다는 점이다. 앞의 자기소개서 작성항목을 다시 보자. 〈회사가 요구하는 구체적 사례나 경험〉 가운데 정말 회사에 들려주고 싶은 구체적 사례나 경험은 누구나 가지고 있다. 비록 짧은 기간이었지만 그동안 살아오면서 겪은 많은 일 가운데 구체적 사례로 제시할 수 있는, 그러면서도 이야기형식으로 들려줄 수 있는 내용을 이야기 형식으로 엮어 간략하면서도 재미있게 전개하면 된다.

7. 자신만의 'selling point'는?

자신만의 selling point는?

우리는 앞에서 '회사가 요구하는 객관적 명세'를 살펴봤다. 회사는 이 객관적 명세표를 보고서 특정 날짜에 판매자를 만나서 매매 흥정을 하기로 결정한다. 바로 면접이다. 그럼 이제 지원자는 면접에서 구매 희망자인 회사에 자신을 팔기 위한 별도의 판매 포인트(selling point)를 미리 준비해 놓아야 한다.

회사가 알고 싶어 하는 구체 내용

앞의 〈자기소개서 작성항목 이해하기〉에서 살펴본 내용을 바탕으로 회사가 요구하는 것을 다시 정리하면 다음과 같다.

- 회사에 기여할 수 있는 구체적인 요소
- 타 지원자와 차별되는 구체적인 장점이나 역량
- 희망 업무를 특별히 잘 할 수 있는 구체적인 역량이나 경험

Selling point 분석항목

위와 같은 회사의 요구사항에 적극 대응하면서 자신만의 강점(selling point)를 제시하기 위해서는 자신에 대한 면밀한 분석이 선행되어야 한다. 따라서 별도의 답변을 위한 분석 항목은 다음과 같이 살펴볼 수 있다.

- 자신만의 장점
- 남들과 차별되는 강점, 역량
- 역경과 실패 사례, 얻은 교훈
- 성취 경험과 얻은 교훈
- 회사에 기여할 수 있는 요소
- 희망업무와 연결되는 자신의 장점

위와 같은 것에 대한 철저한 분석에 따라 이제 자신을 팔기 위한 포인트(selling point)를 정확히 제시할 수 있어야 한다.

8. '지원동기'에서 승부를 걸어라

승부처를 정하라

인사담당자들은 '자신의 장점이나 지원동기, 장래포부 또는 희망, 10년 후의 모습 등의 주요항목에서' 승부를 걸라고 당부한다. 그러나 취업을 위해 수백 통의 이력서와 자기소개서를 제출한 경험이 있는 사람들조차도 지원동기나 장래포부에 무슨 내용으로 어떻게 작성해야 하는지를 제대로 알고 있는 사람은 드물다고 해도 좋을 정도다. 자신의 장점과 잘하는 일에 대한 고찰, 지원하는 회사의 기업 정보 등에 대한 세밀한 분석이 따라주지 않았기 때문에 일어나는 현상이다.

마음을 움직인 그 무엇

사전적 의미의 '동기(動機)'란 '어떤 일이나 행동을 일으키게 하는 계기'를 뜻한다. 즉, '마음속의 무엇이 그 같은 일이나 행동을 하게끔 만들다'를 의미한다. 따라서 지원동기는 '그 회사에 입사하려는 마음을 불러일으키게 한 그 무엇'이다. 이에 회사는 '우리 회사에 와서 일하고 싶게끔 마음을 움직인 것이 무엇이냐'고 묻는 것이다.

회사에 기여할 수 있는 그 무엇

지원하는 회사를 자세히 분석하면 회사가 원하는 것이 무엇인지 알게 되고, 그것에 자신의 경험이나 지식·역량·장점·강점 등과 연결했을 때 회사에 기여할 수 있는 그 무엇을 발견할 수가 있는데, 이것이 바로 지원동기다. 다시 정리해 보자. 지원동기는 회사가 직면해 있거나 또는 지향하는 특정 분야에 구체적으로 어떤 기여를 할 수 있는지 그 이유를 밝히는 것이다. 즉, 지원하는 회사가 필요로 하는 특정 분야에서 구체적으로 어떤 일을 어떻게 할 수 있으며, 이를 통해 회사에 어떤 기여를 할 수 있는지의 구체적 표현이라고 정의할 수 있다. 지원동기에 이어 회사는 이제 다음과 같이 묻는다.
"장래 포부는?" "5년 또는 10년 후의 모습은?"

9. 찰떡궁합 지원동기 찾는 방법

지원동기는 기업정보 분석에서 나온다

지원동기는 일자리가 필요하다는 뜻이 아니다. 지원하는 그 회사에서 일하고 싶다는 뜻도 아니다. 기업정보 분석결과 지원자의 마음을 움직인 그 무엇을 뜻한다. 결국, 지원하는 회사에 어떤 기여를 할 수 있는지, 그 구체적 내용이 바로 지원동기다. 따라서 지원하는 회사에 대한 정밀한 분석이 요구된다. 기업정보에 바탕을 두지 않은 지원동기는 잘 만들어진 지원동기보다 더 빨리, 그리고 더 정확히 눈에 들어온다. 뛰는 물고기가 도마에 먼저 오른다는 속담과 같은 이치다. 구체적 지원동기도 없이 일자리를 얻기 위해 지원한 사람을 회사가 모실 이유는 전혀 없다.

회사가 원하는 지원동기 찾는 방법

회사가 원하는 지원동기를 찾아내는 방법은 다음과 같이 제시할 수 있다. 결국 기업정보 분석 결과물이다.

- **회사의 경영철학과 적용 사례에 따른 자신의 이상 및 경험과의 관계 파악** : 회사 경영철학과 적합 궁합에 의한 지원동기 발견
- **경쟁사 대비 비교 약점으로 보이는 상품이나 기술 개발력 및 제공 서비스 분야 파악** : 경쟁에서 이기는 데 기여할 수 있는 자신의 역량이나 기술 발견
- **경쟁사와 치열한 대결을 위한 신상품이나 기술 개발 정도 파악** : 시장 선점에 기여할 수 있는 지원동기 발견
- **경쟁사 대비 우선적 신시장 개척을 위한 회사의 전략파악** : 자신의 장점이나 역량, 경험, 글로벌 수준 등에 의한 기여 가능성 발견
- **회사의 별도 특성화 경영전략 파악** : 자신의 특장과 연결한 적합 지원동기 발견
- **회사 전체의 업무 분장 별 취약 부문 파악** : 자신의 특별한 기술 또는 장점에 의한 취약부문 보완 가능성 발견

10. 은행권 지원동기 찾아내기

은행권 영업 환경을 분석해보자

현재 국내 금융시장을 둘러보자. 그러면 다음과 같은 시장 상황을 발견하게 된다.

> - 가계대출 포화상태 지나 한국 경제의 뇌관으로 등장
> - 대기업은 자금 풍부 은행 돈 안 빌려
> - 중소기업은 신용 리스크 높아 대출 꺼려

결론은 국내 시장에서는 금융기관들이 출혈경쟁을 하면서 시장을 확보할 영업 수단과 방법이 없음을 뜻한다. 대출이자와 예금이자 사이의 금리 차를 영업마진으로 하는 은행 입장에서 가계대출은 이미 포화상태이고, 현금을 쌓아놓고 있는 대기업은 그들이 대출을 받아갈 이유가 없기에 영업 자체가 불가하며, 중소기업 대상 영업은 시장 상황이 워낙 좋지 않아 대출 자체를 꺼리는 입장이다. 그럼 방법은? 바로 해외시장 개척이다. 국내 은행들이 중국, 베트남, 인도네시아 등 성장성이 높은 신흥국 시장을 중점적으로 노크하고 있는 이유도 이 같은 국내 금융시장 환경 때문이다. 심지어 어느 은행은 중국에서 인도네시아까지 이어지는 아시안 벨트 구축을 노리고 있다.

그들의 고민에 지원동기가 숨어있다

어윤대 KB금융지주 회장은 최근 KB금융의 해외진출 전략을 단기와 중장기 2단계로 제시했다. 단기적으로는 높은 성장이 기대되는 아시아 개도국을 집중 공략하고, 이후 브랜드 인지도와 해외 네트워크의 기반이 확보된 다음에는 M&A 시장 참여 등을 통해 금융 본고장에 진출한다는 구상이다. 여기에 지원동기가 숨어 있다. 포화상태에 이른 국내시장에서의 경쟁을 넘어 해외시장을 적극 개척해야 한다는 시대적 요구를 자신의 장점과 구체적 역량으로 연결하면? KB가 처한 현실적 고민거리 해결에 자신이 일부 기여할 수 있다는 내용의 최적화된 지원동기를 찾아낼 수 있다.

중소기업은 당장 실적을 낼 수 있는 인재를 원한다

회사는 이익을 내기 위한 유기체다. 따라서 이익이 나지 않거나 비용이 추가로 발생하는 일은 하지 않으려는 속성이 있다. 그런데 어떤 회사가 인원을 충원하겠다는 계획을 가지고 있다면 분명한 이유가 생겼다고 볼 수 있다. 결국, 인원 충원으로 발생할 이익이 충원에 따른 추가 비용을 상쇄하고도 남는다는 판단을 했기 때문이라고 볼 수 있다. 따라서 중소기업의 충원 이유는 기존 사원의 퇴직 또는 해고, 신상품(기술, 서비스) 개발, 특정 부문 과다 비용 발생, 특정 부문(업무) 경쟁력 확보 등으로 들 수 있다.

중소기업이 요구하는 인재

중소기업이 원하는 인재를 살펴보면 대개 다음과 같다.
- **경력사원** : 해당 skill 보유자로서 예상 비용을 상쇄하고도 남을 사람
- **신입사원** : 해당 업무 가능자 또는 보조 가능자로서 예상 비용을 상쇄하고도 남을 사람, 또는 전략적 포석

역시 기업정보 분석에 따라야

중소기업 역시 회사의 홈페이지는 기본이고 직접 회사를 방문하는 등의 방법을 통해 회사에 대한 정보를 분석해 회사의 충원이유를 찾아야 한다.
- **판매상품이나 제공서비스에 대한 관심** : 내가 평소에 관심을 가지고 있었던 분야로, 해보고 싶은 일이었다.
- **경쟁사 대비 취약 부분 발견** : 내 장점과 능력을 연결하면 이 부분을 경쟁력 있게 끌어올릴 수 있겠다.
- **회사의 전략적 포석 발견** : 내가 관심 있게 연구했던 분야! 미래의 내 모습을 여기서 찾을 수 있겠다.
- **회사의 신 시장 개척에 대한 관심** : 믿을 수 있는 회사, OK! 내 능력을 여기서 펼치면 좋겠다.

"경영자의 경영철학을 배우고자 합니다"

기업정보를 분석해보라고 하면 대개 지원하는 회사의 업종, 사업 분야, 매출과 이익 정도, 복리후생, 사훈, 인재관 등의 정보만 접하고 그치는 면이 있다. 물론 이것들도 중요하지만, 회사의 경영 철학에 대해서까지 구체적으로 꿰뚫고 있으면서 경영철학을 뒷받침하는 대표적인 사례와, 본인이 추구하는 이상과 과거의 경험이 지원회사의 경영관과 어떻게 연결되는지 등에 대해 설명하는 지원자는 회사와 찰떡궁합이라는 평가를 받을 것이다.

신세계 지원자의 작성사례

아래는 어느 신세계 지원자가 최고 경영자의 경영철학에 대한 내용으로 지원동기를 밝힌 대목이다. 신세계는 해마다 입사 철이 되면 이렇게 회사의 경영철학에 대한 소견을 밝히는 지원자가 증가하는 추세라고 한다.

> "저는 최고 경영자의 경영철학을 배우고자 합니다. 경영자의 OO경영 철학이 저의 이상에 꼭 들어맞습니다. 특히 금융업이 제조업을 지원한 후 제조업에서 나오는 부가가치를 공유해야 한다는 말씀은 평소 본인이 생각하던 바를 그대로 대변하는 것이었습니다. 또 경쟁 관계의 외국계 기업을 인수하는 과정을 보면서 회사의 경영철학에 대해 친구들과 토론을 한 적도 있습니다."

진정성이 가미된 아부는?

물론 위의 사례와 같은 내용은 자칫 아부성으로 비칠 수도 있다. 그러나 구체적 '윤리경영' 사례를 들며 자신이 추구하는 경영상과 연결해 논리적 타당성을 제시할 수 있다면 아부성이 아니라 진정성으로 평가받을 수 있게 된다. 아부성 논리라고 할지라도 그것에 논리적 타당성에 의한 설득의 힘이 들어가 있다면 전혀 문제될 게 없다.

13. 에세이형 자기소개서는 창의성을 요구한다

자기소개서에도 창의적 발상을?

오마이뉴스에서 활동하는 어느 기자가 '자기소개서 작성의 달인을 만나다' 라는 기사를 통해 훌륭한 자기소개서를 만드는 방법은 '작성기술' 이 아닌 '창의적인 발상' 에 있다고 전한 적이 있다.

틀에 박힌 형식은 접어라!

자기소개서에도 창의성을? 결론은 회사가 요구하는 자기소개서라는 그릇에 창의성을 담으라는 것이다. 틀에 박힌 형식은 이제 그만 접으라는 충고였다.

창의적 발상을 넣을 방법은?

대기업이 사용하고 있는 자기소개서 작성 양식에는 이미 제목이 정해져 있다. 그리고 몇 글자 이내로 쓰라는 작성상의 제한마저 두고 있다. 프리 스타일도 아닌 이런 상황에서 어떻게 창의적 발상을?

에세이형 자기소개서 모범 사례

다음은 2008년 국내 중견 정보통신 업체의 공채 전형 과정에서 발견된 어느 지원자의 지원동기에 대한 내용이다. 평소 자신이 연습했던 지원동기와 비교해보자. 분명 다른 무엇을 느끼게 될 것이다. 특히 제목에서 벌써 시선을 끌어당기는 힘이 넘친다.

'다감이' 와 세종대왕의 만남!

"나는 지금 액정 화면이 가장 큰 휴대폰을 품에 지니고 세종대왕을 만나러 가는 길이다. 600년 전에 어떻게 오늘의 디지털 시대를 예견하고서 세상에서 가장 쉽고 빠르고 편하게 휴대폰 문자 메시지를 보내는 방법을 생각하게 되었는지, 이에 대한 이야기를 듣기 위해 길을 떠나는 것이다.

이렇게 조그만 액정 화면에 글자를 입력하는 방법, 들어가는 글자 수 등에서 우리 한글과 영어, 일어, 중국어 등을 비교해 보면 우리나라가 절로 IT 강국이 된 것이 아니라 전등불도 없는 세상에서 눈을 비벼가며 글자를 만든 세종대왕의 덕분이었단 생각으로 밤을 새워 가며 그분과 가상 대화를 나누곤 했는데, 드디어 그분을 만날 기회가 생겨 짐을 꾸렸다.

세종대왕과의 만남은 내가 지원하는 이 회사를 통해서 이뤄진다. 내가 평소 꿈꾸면서 연구한 나만의 '다감이'를 회사에 소개하며 다감이를 통해 세종대왕을 만나자고 한다면, 회사는?

이 지원자는 지원동기를 스토리텔링 형식으로 구성했다. 그리고 지원동기를 통해 자신의 이야기를 들려주는 것은 물론이고, 글이란 커뮤니케이션 수단으로 재미난 이야기를 들려주듯 마음을 현혹케 하는 능력을 보이고 있다. 회사가 이런 인재를 마다할 이유는 전혀 없다.

삼성전자의 스토리텔링 마케팅 PT면접

삼성전자의 PT 면접 사례를 들어보자. 삼성전자는 2012 상반기 공채에서 영업 마케팅 분야 지원자들에게 다음과 같은 PT 면접 주제를 제시하고 스토리텔링 마케팅 기법으로 고객을 감동시킬 방법을 주문했다.

A사는 스마트폰, 태블릿PC, 3D TV, 세탁기, 냉장고 등을 판매하고 있다. A사의 판매 제품 중 하나를 골라 기발한 스토리텔링 마케팅 방안을 생각하고 구체적인 실행 방안을 제시해보라. 발표에 포함시킬 내용은 다음과 같다.
●스토리텔링 마케팅의 정의
●스토리텔링 마케팅의 중요성 및 성공사례
●구체적 마케팅 방안과 예상되는 기대 효과

만약 위의 '다감이' 제목의 자기소개서를 쓴 주인공이 삼성전자의 2012년 상반기 공채에 지원했다면 어떤 평가를 받았을까? 답은 너무나 자명해진다. 회사가 원하는 바를 100% 해결한 모범답안이 되지 않았을까.

14. 희망업무와 장래포부

"당신이 잘하는 일은 무엇입니까?"

소니코리아의 면접질문이다. 회사는 지원자에게 '하고 싶은 일'이 아니라 '잘하는 일'이 무엇이냐고 묻고 있다. 인사담당자들은 희망업무는 '하고 싶은 일' 또는 '해보고 싶은 일'의 뜻이 아니라 (남들과 비교했을 때)자신이 '잘하는 일'을 뜻한다고 말한다. 즉, 자신이 '특별히 잘하는 일'을 구체적으로 분석해 확인한 다음 이를 희망 업무와 연계하는 것이 가장 현명한 선택이라고 말한다.

희망업무는 지원동기와 직결

회사가 지원자에게 요구하는 것은 특별한 재교육 없이 지금 바로 일을 할 수 있는 구체적인 수준의 실력이다. 따라서 희망업무는 업무와 관련해 타인과 구별되는 특별한 능력이나 업무의 특성과 연계되는 기여 가능성, 특출한 역량이나 지식 및 국제화 감각 등 구체적인 내용과 연결되어야 한다. 결국, 희망업무는 지원동기와 직결되어 있다고 볼 수 있다. 즉, 일을 통해 회사에 기여할 수 있으므로 희망업무는 지원동기의 이유에 해당한다고 할 수 있다.

장래포부의 뜻은?

장래 포부 또는 장래 희망은 지원동기에 '설계'라는 단어를 추가, 5년이나 10년 후에는 무슨 일을 해서 어떻게 회사를 키울 것인지 회사의 미래를 위한 지원자의 구체적인 '기여 설계도'를 보여 달라는 뜻이다. 입사 후 자신의 기여를 통한 회사의 성장과 발전상이 담긴 구체적인 설계도가 무엇인지를 묻고 있는 것이다. 즉, 자신의 꿈을 이룰 구체적인 설계도가 바로 장래포부 또는 장래희망이다. 그럼에도 지원자들은 대개 CEO를 장래포부로 꼽고 있다고 인사담당자들은 전한다.

장래희망에는 CEO밖에 없나?

서류심사를 담당하는 인사담당자들에게 자기소개서의 '장래포부' 항목에서 가장 많이 등장하는 단어가 무엇이냐고 물으면 공통으로 '최고 경영자'라고 답한다. '이 회사의 최고 경영자가 되어 한국 또는 세계 제일의 회사로 키우고 싶다'는 식의 표현이 가장 많다고 한다. 최고경영자는 직장인이면 누구나 원하는 '꿈'이다. 그러나 회사는 새로운 CEO가 아니라 자신의 꿈을 이룰 '미래 설계도'를 요구한다.

희망업무와 장래포부도 기업정보에서 나온다

자신이 가장 '잘하는 일'을 뜻하는 희망업무와 5년~10년 후의 자신의 모습을 뜻하는 장래포부 역시 기업정보에서 찾을 수 있다. 아무리 잘하는 일이 있어도 지원하는 회사에서 원하지 않거나 필요하지 않은 경우 회사는 채용할 이유가 없어진다. 즉, 지원자의 '미래 설계도'가 지원하는 회사와 맞지 않으면 회사 역시 채용할 이유를 느끼지 못한다. 따라서 회사가 원하는 일과 설계도도 아닌데 그럴듯하게 포장된 희망업무와 장래포부를 제시하는 지원자는 취직을 위해 지원한 사람으로 평가하기 마련이다.

장래포부 모범답안

다음은 앞에서 예로 든 '다감이'를 쓴 지원자의 장래포부에 대한 내용이다.

> "전화통화 목소리에서 감지되는 현재의 기분상태를 상대방에게 그대로 전달하는 지능 이미지 '다감이'를 세계 최초로 선보이고 이를 상용화하는 데는 5년을 잡고 있습니다. 현재 회사가 보유한 기술 개발 상태라면 가능성은 충분하다는 판단입니다. 물론 아바타를 통한 지능형 이미지 개발이 시도된 적은 있으나 실패한 것도 아니지만 성공한 상태도 아니라고 봅니다. 따라서 저는 음성에서 감지되는 기분인식 이미지 개발과 상용화를 꼭 여기서 성취하고 싶습니다. 그렇게 되면 회사의 매출과 대외 이미지는 지금의 5배 이상으로 높아질 것입니다."

지원자는 현재 무엇에 관심을 가지고 어떤 공부를 하고 있으며, 회사에 기여할 구체적 내용, 향후 5년 후의 시장 전망, 자신을 통한 회사의 매출과 대외 이미지 제고 정도 등을 고루 보여주고 있다. 애플의 '시리'와 삼성 갤럭시S3에 적용된 'S-보이스'를 2008년에 미리 체험해보는 느낌이었다.

15. 추상적 의미의 형용사는 가급적 쓰지 마라

I have excellent written communication skills!

어느 지원자가 이와 같은 표현대로 자신의 능력을 자기소개서에서 언급했다고 치자. 그러면 면접관은 이 같은 능력을 보여줄 구체적인 사례를 들어달라고 요구할 것이다. 이에 지원자는 "I wrote easy User Guide for 10,000 users"라고 답할 수 있으면 다행이다. 그러나 그렇지 못하는 경우엔? CNN 인터넷판에 '이력서를 나쁘게 만드는 단어 25개'라는 제목의 글이 실려 화제가 된 적이 있었다. 이 글을 쓴 커리어닷컴의 Laura Morsch는 추상적인 의미의 형용사 대신 구체적인 사례와 경험을 표현해야 취업에 유리해진다고 주장했다.

추상적 의미의 형용사는 피하라

구체적인 경험이나 사례도 없이 '창의적, 도전적, 적극적' 등의 표현으로 자기소개서를 채우면 면접관은 그냥 넘어가지 않는다. 구체적인 사례나 경험을 들어보라고 압박한다. 따라서 다음과 같은 추상적 의미의 형용사는 사용을 가급적 피하는 게 좋다.

> ●**창의적이다** : ~에 관한 일을 했는데, 창의적이라는 평가를 받았다.
> ●**적극적이다** : ~을 내가 적극 처리해 좋게 마무리했다.
> ●**팀워크를 중시한다** : 팀의 전체 실력이 뒤지는 편이었으나 ~경기에서 나의 주도적 역할에 의한 팀워크를 통해 승리를 거뒀다.

구체적 경험에 의한 표현 필요

결국 구체적인 사례나 경험이 따라주지 않는 경우라면 평상시 즐겨 사용하던 단어들을 자기소개서에 사용해서는 안 된다는 지적이다. 또 구체적인 경험으로 얻은 결과나 교훈을 표현하는 경우에도 추상적인 의미의 형용사는 가급적 사용을 자제하라는 주문이다. 회사는 이처럼 항상 구체적인 사례나 경험을 요구한다는 사실에 주의를 요한다.

자기소개는 가족소개가 아니다

자기소개서에서 자주 접하게 되는 표현인 〈언제, 어디서, 어느 가문의 몇째〉에 이어서 등장하는 공통 문장이 바로 '엄격하신 아버님과 인자하신 어머님'이다. 자기소개서의 성장배경이나 학창시절 항목에서 빠지지 않는 내용이다. 그러나 자기소개는 〈self introduction〉이다. 즉, 가족소개나 가문소개가 아니다. 그럼에도 거의 모든 지원자는 〈언제, 어디서, 어느 가문의 몇째로 태어나 엄격하신 아버님과 인자하신 어머님 슬하에서 바르고 참되게 자라거나 교육을 받았다〉라고 자랑하고 있다. 그러나 불행히도 이건 자랑이 아니다. 오히려 취업의 관문에서 자신을 실패의 길로 안내하는 꼴이 되고 만다. 따라서 자기소개서에서 발견되는 공통된 표현들을 버려야 살아남는다. 즉, 취업시장에서만큼은 엄한 아버지와 인자한 어머니를 버려야 자신이 살아남게 된다. 자기소개서에서 볼 수 있는 공통된 표현들을 정리하면 대개 다음과 같다. 이런 단어 사용은 될 수 있는 대로 피하는 게 좋다.

버려야 할 표현들

●**부모님** : 엄하시다, 인자하시다
●**가훈 · 생활상** : 근검절약, 근면 · 성실, 정직, 화목
●**경제적 상황** : 큰 어려움 없다
●**성장 환경**(배경) : 별 탈 없이 무난하게 성장하다
●**장남**(장녀)**의 역할** : 책임감, 인내력
●**본인의 성격** : 적극적, 외향적, 친화적, 사교적
●**본인의 장점** : 넘치는 패기, 높은 도전 정신, 창의성, 바른 예의
●**취미 활동** : 독서, 영화감상

위에 나열한 표현들은 가급적 사용을 않는 것이 좋다. 뭔가 다른 표현 수단을 찾거나 우회하는 방법을 모색하는 것이 바람직하다.

세 척의 배 'leadership, fellowship, followship'

> "저에게는 세 척의 배가 있습니다. 조직을 이끄는 'leadership', 동료관계를 돈독
> 히 해줄 'fellowship', 신뢰를 바탕으로 서로를 다져줄 'followship', 이 세 가지가
> 충만한 세 척의 배를 OO란 조선소(학교)에서 XX학이란 기술(전공)으로 건조해 오
> 늘 이 자리에 끌고 왔습니다."

면접관에게 감동을 준 표현력

경기도 부천에서 전기 차단 장치 관련 중견 회사를 운영하고 있는 회사 사장은 어느 지원자가 제출한 자기소개서에서 장점 대목을 보는 순간 마치 이순신 장군이 12척의 배가 아직 남아 있다고 말하는 듯한 모습을 엿볼 수 있었다고 한다. 수많은 입사지원서를 훑으며 넘기던 인사담당자 역시 〈leadership과 fellowship, followship〉이란 단어를 보는 순간 눈이 멈춰버렸다고 한다. 그리고 회사의 경영자에게 별도의 특별 면접을 요청했다는 후문이다. 이 지원자는 출신 학교를 '조선소'로, 전공을 '기술'로 표현했다. 이 지원자의 경우에서 보는 것처럼 특별하면서도 궁금증을 불러일으키게 하는 표현상의 기술도 필요하다.

〈leadership, fellowship, followship〉의 뜻

팀 단위로 일을 추진하는 현 기업의 업무 특성상 팀의 리더와 팀원이 각자의 책임과 의무를 다하지 못하거나 역량이 부족하면 팀워크는 깨지게 마련이다. 이는 결국 성공적인 업무 수행이 불가능하다는 평가를 받게 된다. 이에 팀의 리더에게는 팀을 원활히 이끌 능력이 필요하며, 팀원에게는 프로젝트의 성공적 수행을 위한 역량이 요구된다. 훌륭한 리더는 팀을 잘 이끌면서(leadership), 동료의 마음을 움직여(fellowship), 그들이 자신을 따라오게(followship) 하는 사람이다. 회사는 '자신을 따르라'고 외치는 리더십이 아니라 동료의 마음을 움직이는 리더십을 요구한다.

18. 소제목으로 면접관의 눈길을 당겨라

신입사원 자기소개서는 끝까지 읽지 않는다

신입 채용의 경우 그들이 제출한 자기소개서를 읽어줄 시간도 없다. 심지어 중소기업에서는 직원에게 지원자가 제출한 자기소개서의 주요 부분에 형광펜으로 표시해 달라고 하는 때도 있다. 상황이 이런데도 틀에 박힌 이야기로 전개된 이야기를 끝까지 읽어주길 기대하는 것은 어불성설이다.

"내 친구 다감이를 소개합니다"

앞에서 〈자기소개서 모범예문〉으로 인용한 자기소개서의 지원동기에는 '내 친구 다감이를 소개합니다' 라는 제목이 달려 있었다. 이 제목이 인사담당자와 면접관의 시선을 확 끌어당겼음은 당연하다.

면접관이 질문하게끔 유도하는 방법은?

면접관으로부터 질문을 너무 많이 받는 것도 문제지만 질문을 전혀 받지 않는 것은 더 큰 문제다. 면접관이 질문하지 않는다는 것은 곧 자신이 제출한 자기소개서를 통해서는 물어볼 게 없다는 것을 뜻한다. 따라서 면접관이 자신의 자기소개서를 읽도록 유도할 방법을 찾아야 한다.

신문기사를 대하는 독자의 모습은?

뭔가 읽을 만한 기사 제목을 발견한 독자의 눈은 잠시 그 제목에서 멈춘다. 그리고 뭔가 사실관계를 정확히 해줄 필요가 있는 기사는 정독한다. 그러나 독자의 눈은 대개 기사 제목에만 머물 뿐 손은 이미 페이지를 넘기고 있다. 이것이 신문을 읽는 사람들의 대체적인 모습이다. 독자는 엄청난 분량의 기사를 전부 읽어주지 않는다. 지면을 훑으면서 눈에 들어오는 기사제목이 있으면 잠깐 눈길을 준다. 즉, 제목을 보고서 기사를 읽을지 여부를 판단한다. 이처럼 면접관이라는 독자의 눈을 당기는 힘은 글의 제목에 달려있다는 사실을 유념해야 한다.

흠집을 찾는 자 vs 단점을 숨기는 자

면접장의 풍경을 스케치해보자. 지원자의 흠집을 찾아내야 하는 면접관과 자신의 단점을 최대한 숨겨서 살아남으려는 지원자의 입장이 서로 팽팽히 맞서 있다. 특히 대기업의 경우 넘치는 지원자 때문에 적합한 인재를 고르기보다는 정해진 인원을 뽑기 위한 비적격자 추려내기에 가까운 실정이다. 그러나 피면접자 신분의 지원자는 회사가 어떻게 고르고 추려내든 간에 살아남아야 하는 절박한 모습이다. 그래서 면접장 풍경은 '네가 죽어야 내가 산다'는 전쟁터에 비유되기도 한다. 이렇게 서로서로 죽이고 살아남아야 하는 대결에서 칼자루는 오직 면접관만이 쥐고 있다. 지원자에게 주어진 무기는 없다. 처음부터 끝까지 공격을 받아야 하는 처지에 놓여 있다.

자기소개서 내용 = 면접 질문항목

면접관은 기본적으로 지원자의 자기소개서를 보고 질문한다. 즉, 자신을 시장에 내다 파는 상품의 '명세서'에 해당하는 자기소개서를 보면서 사실 관계를 확인하거나 품질을 평가하려 든다. 따라서 자기소개서의 내용이 바로 예상 질문 항목이라고 볼 수 있다.

스스로 면접관이 되어 되물어 보라

자기소개서를 작성했으면 이제 자기가 쓴 자기소개서를 꼼꼼히 체크하면서 예상 질문 항목을 만들어 놓아야 한다. 즉, 스스로 면접관이 되어 자신의 자기소개서를 보면서 자신에게 묻고 답하는 연습이 따라야 한다.

구체적 답변이 안 되면 과감히 지워라

자신이 쓴 자기소개서의 내용을 보고 질문을 하는 데도 제대로 답변을 못한다면 '자기소개서 작성 기술자' 또는 '첨삭 지도받은 자기소개서'라는 인상만 남기게 된다. 스스로 물어 답변이 안 되면 과감히 지워라.

PART 5
면접 대응법

#1 나, 지금 떨고 있니?

아침 8시 정각. 회사 주변 풍경과 빌딩의 이미지, 교통 편의성 등을 체크한 후 6층 면접장에 도착하니 숨이 턱 하니 막힌다. 긴장을 풀어볼 참으로 엘리베이터를 이용하지 않고 계단을 통해 6층까지 올랐더니 숨이 차는 모양이다. 조금 이른 시각인데도 많은 사람이 눈에 들어온다. 깔끔한 정장 차림의 앳된 모습이 모두 나와 같은 입장이겠지?

커피 한 잔을 뽑아 마시고 있는데 회사 직원이 대기실로 들어와 인사를 건넨다. 그리고 면접과 관련된 인쇄물을 돌리면서 "긴장하지 말고 편하게 대하면 된다"며 대기실에서의 주의점, 면접장에 들어갈 때 인사하는 법, 자세, 말투 등에 대한 요령을 알려준다. 뭐, 이미 책에서 익힌 것이니까.

우리 조는 두 번째다. 모두 5명. 남자 셋에 여자는 나를 포함해 둘이다. 아까 그 회사 직원이 옆 사람과 인사를 나누라고 권한다. 난 옆의 여성에게 가볍게 눈인사를 건넸다. 그런데 순간! 나와 그녀. 둘 다 눈인사를 나누자마자 바로 시선을 돌리고 만다. 어? 같은 처지의 다른 경쟁자? 뭐야……. 나, 지금 떨고 있는 거니?

#2 대기실에서 시장 풍경을 익히다

첫 번째 조가 면접실로 들어갔다. 아마 1시간 정도 걸리겠지. 면접 진행을 맡은 회사 직원이 우리 조 앞에서 유머를 섞어가며 여러 가지 이야기를 들려주는데, 내심 관심이 없는 척하면서도 면접장을 실제 시장에 비유해 설명하는 대목에서 나도 모르게 귀를 쫑긋 세운다.

1조가 나오는 소리가 들린다. 그들의 표정이 각기 다르다. 얼굴에 생기가 넘치는 사람, 굳은 표정, 멍하니 천장을 올려다보는 사람……. 나는 1시간 뒤 저들 중 누구의 모습과 같을까.

#3 "너나 잘해!"

이제 우리 조 차례다. 다행히 나는 조원 중 다섯 번째, 마지막 순서다(행운인가? ^^). 5명이 나란히 줄 세워 들어가 면접관들에게 인사를 한 후 자리에 앉자 질문 공세가 펼쳐진다. 면접관이 첫 번째 순번에게 묻는다. "우리 회사에 대해 어떻게 생각하나요?" "네, 한국 최대의 종합상사인 귀사에 지원하게 된 것을 자랑스럽게 생각하고 있습니다. 제가 지원한 이 회사는 작년도 매출 00억 달러를 기록한 회사로서……." 그의 발표를 듣고 있던 면접관의 인상이 굳어지기 시작한다. 난 면접관의 눈빛을 살피며 숨을 가다듬는다. "바보야, 그 질문은 바로 지원 동기를 우회적으로 묻는 게야, 에구……." 이렇게 혼자 속으로 중얼거리고 있는데 갑자기 귀가 찡~하고 울리면서 엄마 목소리가 들려온다. "정신 놓지 말고 너나 잘해!"

#4 오호, 저렇게 재치있는 답변도 있다니!

두 번째 차례다. 면접관이 입사지원서를 들춰보더니 대뜸 묻는다. "고향 자랑을 해보세요." 반 박자 정도의 틈을 가지고 그가 답한다. "저는 고향이 없습니다. 그래서 고향 자랑거리가 없습니다." 순간 면접관의 눈이 치켜 올라간다. 그래도 그는 개의치 않고 계속 이어간다. "도시에서 태어나 자란 저는 농어촌을 기반으로 하는 고향이 없어 실향민에 가깝습니다 그러나 저는 매년 방학을 이용해 전국을 탐방하면서 평소 그리던 제 마음속 고향을 찾아냈습니다." 이야기를 듣고 있던 면접관이 되묻는다. "거기가 어딘가요?" "바로 제가 지원한 이 회사의 사원연수원이 있는 동해변의 XXX 해수욕장입니다." 순간 면접관의 눈가엔 부드러운 미소가 스친다. 어라? 이건 뭐야? 아부야, 뭐야? 저런 재치 있는 답변도 준비해 놓다니!

231

#5 "엄마 나 크게 먹었어~ ㅋㅋ"

드디어 내 차례. 나의 입사지원서를 살피던 면접관이 얼굴을 들고서는 나를 바라본다. 어? 다른 지원자들과 이야기할 때는 옆집 아저씨 같아 보였는데…… 그의 눈길을 받는 순간…… -.- 갑자기 긴장된다. "우리 회사가 왜 귀양을 채용해야 하나요?" (우씨, 내가 똑똑하니까 그렇지 ^^) 저는 지식경영에 관심이 많습니다. 또 실제 지식경영시스템에 대한 연구도 게을리 하지 않았습니다. 이 같은 지식경영에 대한 학습 과정에서 이 회사의 시스템을 접할 기회가 있었는데, 바로 제가 평소 그리던 모습을 여기서 발견하게 되었습니다. 그래서 저는 제 꿈을 펼칠 곳이 여기라는 사실을 확신하게 되었습니다."

답변을 또박또박 이어갔다. (엄마, 나 잘했지? ㅋ). 면접관이 구체적인 사례를 들어 설명하라고 주문한다. "예를 들어, 인사관리 직원이 수연壽宴이라는 단어를 컴퓨터에 입력하면 이 용어에 대한 자세한 해설과 함께 회사의 복리 규정에 따른 대상 직원들의 해당 날짜 등이 자동으로 〈list-up〉됩니다. 그러면 업무의 생산성이 높아지고, 덩달아 회사 전체의 경영 효율도 높아진다고 볼 수 있습니다."

답변을 듣고 있던 면접관의 눈가에 스치며 지나가는 미소를 놓치지 않고 훔친 나는 이어서 자기소개서에 들어있는 내용에 대한 질문과 답변이 오갔지만 이미 충분히 연습을 해둔 상태라 별 어려움 없이 마칠 수 있었다. 면접실에서 나온 나는 엄마에게 바로 문자를 날렸다.

"아자~ 엄마, 나 크게 먹었어 ㅋ."

2. 채용방식 변화상 살피기

채용방식의 변화

기업체 채용전형 방식이 변하고 있다. 1990년을 기준으로 이전의 채용전형은 주로 4지 선다형이나 단답형의 필기시험에 이은 단순 면접이 주된 형태였다. 그러나 2000년대 들어 필기시험 대신 면접에 무게 중심을 두는 경향이 나타났다. 특히 지구촌 곳곳을 누비는 글로벌 시대를 접하면서 기업들은 정형화된 필답 문제를 통해 지원자의 능력을 측정하는 대신 개인의 특성에서 창의성과 상황 적응 능력을 엿보는 방식을 선호하고 있다.

필기시험의 변화

필기시험도 과거 암기 위주의 객관적 지식의 함양 정도를 평가하던 형태에서 벗어나 논리유추형, 언어추리형, 수리판단형, 도형관찰형 등의 문제로 지원자의 종합적인 지적 체계를 평가하고 있다.

- 1990년 이전 : 사지선다형, 단답형 문제 출제
- 1990년대 중반 : 필기시험과 인성 · 적성검사 병행
- 2000년 이후 : 언어추리형 · 논리유추형 · 사회탐구형 · 수리판단형 · 도형관찰형 등으로 세분화

면접 방식의 변화

면접에서는 지원자의 행동에서 내면을 살피는 '행동관찰형 면접'도 이미 과거형이 되어 버렸다. 최근에는 회사의 업무와 연계된 상황판단을 묻는 시뮬레이션형 면접, 현실적으로 불가능한 가정적 상황에 대한 합리적인 답을 유도하는 논리유추형 면접 등이 선을 보이고 있다.

- 1990년 이전 : 필기시험에 이은 단순 면접전형(필기시험 중시)
- 1990년대 중반 : 면접 중시 경향(Blind 면접, 사원평가제, 집단토론면접)
- 2000년 이후 : 술자리 · 사우나 · 찜질방 · 노래방 · 등산 · 게임 등으로 지원자를 관찰하는 행동관찰 면접과 회사 특성과 연결하는 업무밀착 면접 등장

3. 이젠 '면접기술'도 안 통한다

이병철 삼성회장과 초밥

"김군, 가장 맛있는 초밥이 되려면 밥알이 몇 개 들어가야 하지?"

故 이병철 삼성회장이 호텔신라 일식당에서 요리사에게 이같이 물었다는 일화가 전해진다. 당시 이 질문에 답을 내놓지 못했던 요리사는 연구를 거듭한 끝에 한국인의 구강구조에 가장 알맞은 초밥의 크기는 쌀알을 250개 내외로 했을 때라는 답을 이끌어 냈다고 한다.

업무밀착형 면접의 등장

고 이병철 회장께서 30년 후의 면접 방식을 예견이나 한 것일까? 특정 분야에서 최고를 지향하는 전문 기업들이 회사 특성에 맞는 인재를 찾기 위해 직접 요리하기, 맛 평가하기 등의 이색 면접을 보고하고 있어 주목을 받고 있다. 이 같은 이색 면접은 최근 들어 취업준비자들이 정형화된 '면접기술'을 익혀서 면접에 임하는 경향을 보이자 구두 면접의 한계성에서 벗어나는 한편 회사의 사업 특성과 지원자의 궁합을 엿보기 위한 시도라고 할 수 있다.

면접기술은 통하지 않는다

업무밀착형 면접의 특징은 책이나 인터넷 등에서 수집해 암기하듯이 익힌 '면접기술'이 통하지 않는다는 점이다. 직접 손으로 요리하거나 맛과 향을 평가하는 면접에서 면접기술은 쓸모가 없어진 셈이다. 결국, 본인만의 감각과 창의성을 보여야 한다는 지적이다.

- 샘표식품, SPC그룹 : 요리면접
    - ▷조별 팀워크와 적응성 파악
    - ▷요리 아이템 발굴의 창의성과 식재료 선별력 체크
- KTF : 상상력 게임 면접
    - ▷레고로 조선시대 전화기 만들기, 레고로 미래형 전화기 만들기
    - ▷맞춤형 전화요금 구상하기

흠집을 찾는 자 vs 단점을 숨기는 자

면접장의 풍경을 스케치해보자. 지원자의 흠집을 찾아 그를 떨어뜨려야 하는 면접관과 자신의 단점을 최대한 숨겨서 살아남으려는 지원자의 입장이 서로 팽팽히 맞서 있다. 칼자루는 오직 면접관만이 쥐고 있다. 그러나 지원자는 자신을 방어할 무기가 없다. 그래도 살아남아야 한다.

살아남을 방법과 지혜는?

자신을 방어할 무기도 없는 전투 상황에서 예리하게 파고드는 면접관의 '殺手' (살수)는 어떻게 피할 것이며, 질문에 숨겨진 의도를 간파할 방법은 무엇이고, 자신의 단점을 장점으로 포장할 지혜는 어디서 찾을 것이며, 결국 최종적으로 어떻게 살아남을 것인가?

즐거운 분위기를 만들어라

살벌한 전쟁터에서 즐겁고 화기애애한 분위기를 찾는다는 것 자체가 무리일지 모른다. 그러나 지원자가 살아남을 방법은 이것밖에 없다. 고리타분하고 딱딱한 답변으로 자신을 방어한다는 것은 이미 패한 상황이나 다름없다. 대신 면접관의 눈과 귀를 즐겁게 해줄 방법을 찾을 수 있다면 살아남을 수 있다.

고리타분한 답변은 자제를

지난 2008년 12월 취업포털 커리어가 기업 인사담당자 550명을 대상으로 면접 분위기에 대해 설문 조사한 결과 '별 차이가 없다'는 대답이 60.2%로 가장 많았고, '즐겁고 화기애애한 분위기'는 28.1%로 나왔으며, '사무적이고 딱딱한 편'이라는 응답은 11.7%였다고 밝혔다. 설문에 응한 인사담당자들은 비록 진부하게 느껴지는 질문에도 간결하면서도 재미있는 답변을 내놓을 수 있다면 살아남을 길은 분명히 있다고 강조하면서 가급적 고리타분한 답변부터 자제해달라고 요청했다.

5. 긍정적 경제논리로 답하라 – 면접 답변 10계

① 질문 내용에 맞는 용어로 답하라. 그래야 답변이 간결해진다

② 개념을 정확하게 밝혀라

③ 짧고 간략하게 답하라

④ 긍정의 힘을 보여라

⑤ 성장에 무게를 둬라(기업은 성장을 원한다. 성장을 원치 않는 기업은 없다. 無恒産 無恒心, 利用厚生 經世致用).

⑥ 배려하는 자세를 보여라(약육강식의 정글 경제는 경계해야 한다. 경제가치도 중요하지만 인간의 존엄성과 생존권이 우선이다).

⑦ 정치 논리는 배제하라

⑧ 시류에 편승하는 이미지를 주지 마라

⑨ 긍정적 경제논리에 따르라

　▷4대강 개발사업 : 치산치수의 목적이라면 고려해볼 만하다(근거 : 한국은 유엔이 정한 물 부족 국가).

　▷한반도 대운하 : 30년 뒤 탄소배출권 거래시장을 생각한다면 긍정적이다(근거 : UN의 탄소배출권 제도).

　▷ISD 문제 : 투자자의 입장에서는 정확해야 한다(근거사례 : 중국의 백두산 인근 호텔 무보상 철수 명령).

　▷FTA 문제 : 전 세계에 한류 바람이 불면서 청소년들이 우리 한국의 디지털 제품을 사고 싶어 한다. 그들이 관심을 보일 때 팔아야 한다.

　▷통일 문제 : 통일 후 인구는 7,500만 명이나 된다. 영국, 프랑스 등에 버금가는 내수시장이 탄생한다.

⑩ 대승적 차원으로 접근하라.

　▷물가와 금리 문제 : 외환보유액은 나라 곳간에 해당한다. 물가상승은 감내할 수 있지만 곳간은 나라 존망이 걸린 문제다.

　▷DTI 완화 문제 : 정치권의 요구는 결국 가계부채를 더 키우게 된다. 성장도 필요하지만 가계부채는 한국 경제의 뇌관이 될 수도 있다.

6. 기회비용 = 'selling point'

질문 사례

- 당신을 채용해야 하는 이유는(국민은행)
- 당신을 채용하지 않았을 때 회사가 입을 손해는(한화그룹)
- 당신을 채용했을 때 더해지는 회사의 가치는(한화그룹)
- 본인의 가치를 금액으로 계산한다면(한화그룹)
- 실제 입사 후 일을 하는 경우 회사에 주는 이익은 얼마나(한화그룹)

선택의 이유(selling point)를 밝혀라

면접에는 정답이 없다. 그러나 점수의 차이는 분명 존재한다. 따라서 지원자는 왜 자신을 채용해야 하는가를 한마디로 설명해야 한다. 즉, 셀링 포인트(selling point)를 내세워야 한다. 회사가 지원자 자신을 선택해야 하는 이유는 곧 선택하지 않았을 때 입을 손해를 의미한다. 바로 기회비용 개념이다.

기회비용은 선택의 이유를 설득하는 힘

기회비용은 '포기하는 것의 가치'를 뜻한다. 합리적 선택 여부를 분석하는 기본 개념으로 사용되고 있다. 즉, 기회비용은 선택과 포기의 이유를 설명하고 상대를 설득하는 논리적 타당성을 제공한다. 그러면 이제 국민은행과 한화그룹의 질문 유형을 다시 살펴보자. 채용해야 하는 이유, 채용하지 않았을 때 회사가 입을 손해, 채용했을 때 더해지는 회사의 가치, 본인의 가치에 대한 금액 산출 근거, 실제 입사 후 회사에 주는 이익 등은 모두 기회비용 개념으로 설명이 가능해진다.

자신을 팔기 위한 구체적 논리를 준비하라

면접에는 정해진 답이 없다. 그러나 절대 해서는 안 될 말이 있다. 열심히 일하겠다거나 시키는 일은 무엇이든 다 하겠다는 등의 판에 박힌 이야기는 절대 금물이다.

대신 자신을 팔기 위한 구체적인 셀링 포인트를 아래와 같이 만들어 보자.

"나는 입사 후 1년 안에 100명을 회사 고객으로 만들 자신이 있다. 고객 1인 당 1억을 매출 목표로 잡는다면 100억의 매출이 생기고, 마진을 10%로 잡는다면 10억의 매출이익이 생긴다. 여기서 내 연봉 3천만원과 세금 등 각종 비용을 제하고 나면 최소 9억원의 순이익이 발생된다."

●채용하지 않았을 때 회사가 입을 손해는? : 회사의 외형적 매출 100억과 순이익 9억원이 감소함과 동시에 100명이라는 귀중한 무형 자산(잠재고객)이 사라진다.
●채용했을 때 더해지는 회사의 가치는? : 회사의 외형적 매출 100억과 순이익 9억원이 증가함과 동시에 잠재고객이라는 귀중한 무형 자산이 회사의 미래 블루오션 대상이 될 수도 있다.
●본인의 가치를 금액으로 계산한다면? : 9억의 순이익이 예상되므로 9억원이 최소한이다.

취업도 마케팅의 결과다

취업활동은 노동시장에 자신을 상품으로 내놓고 자기를 파는 일이다. 따라서 구매 예정자인 기업에 자신의 특징과 장점을 제대로 알려야 한다. 회사는 이것도 잘하고 저것도 잘하는 사람은 원치 않는다. 특정 분야에서 무엇인가 분명하게 잘하는 사람을 원한다. 즉, 구매자는 분명한 구매 포인트를 준비했는데 판매자가 자신의 판매 포인트를 구비해 놓지 않을 경우 궁합은 서로 어긋나게 된다.

7. 실무진 면접 vs 임원진 면접

실무진 면접과 질문 사례

회사 실무진은 같이 일하고 싶어 하는 사람을 찾는다. 따라서 일 처리 능력, 조직원으로서의 친밀감, 호감적인 분위기 등을 따진다. 실무진 면접에서는 일에 대한 스킬, 조직 적응력, 재미있고 유쾌한 분위기 연출 능력 등을 보여라.

- 자신을 한마디로 평가하는 경우 적합 단어
- 인생의 포부
- 우정과 사랑의 차이
- 국민은행에 대해 아는 바
- 국민은행 지원 동기
- 국민은행이 당신을 선택해야 하는 이유
- 대기업과 은행의 (취업)선호도
- 자신을 가장 슬프게 혹은 기쁘게 한 과거의 경험
- 학교생활과 학교생활이 자신을 형성하는 데 도움이 된 사실관계

임원진 면접과 질문 사례

임원진, 그들은 일단 나이가 많다. 따라서 그들은 든든한 믿음을 원한다. 그들을 대면했을 때 밝은 표정과 차분하고 듬직하며 도망가지 않을 인상으로 그들의 마음을 움직여야 한다. 그들이 한국의 청년층에 던지는 불만 – 요즘 아이들은 배고픈 것을 모르고 자랐기 때문에 끈기도 없고 도전의식도 부족하고 사고는 깊지 않고…… – 에 답이 숨어있다.

- 국민은행에서 자신이 할 수 있는 일은?
- 국민은행에서 무슨 일을 어떻게 하고 싶은가?
- 회사가 필요로 하는 인재는 어떤 유형을 말하는가?
- 본인 성격의 장점은?
- 본인 성격의 단점은?
- 엥겔계수란?

8. 허위로 과장되게 포장하면 당한다

실제 사례 ①

> 면접관 : "자기소개해보세요."
>
> 지원자 : "저는 유머와 패기를 갖춘 지원자입니다."
>
> 면접관 : "그래요? 그럼 지금 이 자리에서 우릴 한번 웃겨보세요."
>
> 지원자 : "???"(머뭇, 당황)
>
> 면접관 : (책상을 치며)"뭐야, 유머를 갖췄다고 해놓고는 웃기지도 못하고, 또 웃길 자신도 없고 패기도 없고…….
>
> 지원자 : "!!!"(뜨악~~)

실제 사례 ②

> 면접관 : "친구 관계를 설명해보세요."
>
> 지원자 : "저는 진심을 나누는 친구가 많은 편입니다."
>
> 면접관 : "지금 휴대폰 켜서 그 친구들에게 문자 메시지를 보내세요."
>
> 면접관 : (잠시 후)"답장이 몇 개 왔나요?"
>
> 지원자 : "3개……."
>
> 면접관 : "진심을 나누는 친구가 많다면서, 친구가 많은 게 맞나요?"

압박면접이란?

면접관이 지원자의 답변 내용에서 질문거리를 추가로 찾아내 다시 묻는 면접질문 형태를 말한다. 면접관이 지원자의 답변을 물고 늘어지듯이 자꾸 파고드니까 '압박을 가한다' 고 생각하게 되면서 만들어진 용어라고 볼 수 있다. 이는 취업준비자들이 만들어낸 용어다. 압박을 가하는 데는 이유가 있기 마련이다. 지원자의 답변이 추상적이거나 허위로 여겨지는 경우 그 진실을 캐기 위해서 자꾸 되묻게 된다. 또 너무나 완벽한 답변을 내놓으면 사실 여부를 가리기 위해서 추궁하게 되고, 압박에 따른 위기 상황 대처 능력을 체크하기 위해서 가하는 경우도 있기 마련이다. 솔직하지 않으면 위기에 몰리게 된다.

9. 집단토론과 '리더십·펠로우십·팔로우십'

집단토론의 주제는?

주로 최근의 사회적 이슈에 대한 내용으로 보면 된다. 평소 방송 뉴스나 신문 기사에서 별 부담 없이 대하는 제목이 토론 주제로 올라간다.

국민은행의 실제 집단토론 주제

- 소득, 교육 등의 양극화 문제
- 국민건강 진흥법과 관련된 길거리 흡연규제에 대한 찬반토론
- 애완견 소유자에 대해 일정한 세금을 징수하는 것에 대한 찬반토론
- 재개발, 재건축의 허와 실에 대한 찬반토론

집단토론 대응 방법

팀워크에 맞춰 적극적이면서 자신감 있게 의견을 피력하면 된다. 만약 특정 용어에 대한 개념이 잡히지 않거나 토론에 대한 전체 흐름이 파악되지 않을 때 옆의 조원에게 도움을 청하는 것도 좋은 방법이다. 모른다고 가만히 있으면 팀워크에 방해가 되므로, 모르는 경우 꼭 물어보고 전체 흐름에 순응하는 모습을 보이는 자세가 요구된다.

난 사람 vs 된 사람

집단토론 면접에서 토론에 임하는 지원자들을 살펴보면 크게 세 가지 유형으로 나타난다. 첫 번째는 전체 토론을 리드하면서 분위기를 장악하는 '난 사람'이고, 두 번째는 동료와 호흡을 맞추며 팀워크를 중시하는 '된 사람', 그리고 마지막으로 무던하게 전체를 따라가는 '그 사람'이다.

회사가 원하는 사람은?

회사는 처음부터 '난 사람'을 원하지 않는다. '된 사람' 가운데 시간이 지나 '난 사람'으로 거듭나는 사람을 선호한다. 따라서 처음부터 '난 사람'의 인상을 심

어주면 입사 후 바로 도망갈 사람으로 여기거나 조직과의 융합에 문제점이 있는 사람으로 인식하게 된다. 물론 '난 사람'이면서 '된 사람'의 인상도 보여줄 수 있다면 다행이지만 '난 사람'의 인상만 풍기면 곤란하다. 특히 집단토론은 무엇보다 팀워크를 중시하기 때문에 팀워크는 고려하지 않고 토론을 주도하는 '난 사람'을 회사는 원치 않는다.

- 난 사람 : 관련 지식이 넘치면서 남보다 두드러지게 잘난 사람
- 된 사람 : 동료를 아끼고 배려하면서 전체를 이끄는 사람
- 그 사람 : 넘치지도 않고 부족하지도 않게 보통인 사람

회사가 원하는 인재 vs 원하지 않는 인재

집단토론을 통해서 드러난 회사가 원하는 인재와 원치 않는 경우를 요약하면 다음과 같다.

- 회사가 원하는 leadership
  ▷집단토론의 목표를 항상 염두에 두고 발언
  ▷적당한 대목에서 다음 단계로 진행 유도
  ▷토론의 목표와 연결되는 적당한 논점 제공
  ▷과제 해결에 도움이 되는 지식이나 사례 제공
- 회사가 원하지 않는 followship
  ▷진행자가 요구하기도 전에 발언하거나 남의 의견 무시
  ▷토론의 목표와 관계없이 자기 본위로 발언하거나 자기 의견에 집착하는 경우
  ▷토론의 방향과 어긋나거나 벗어난 주장으로 토론이 얽히게 하는 경우
- 회사가 바라는 fellowship
  ▷논점을 한정해서 토론자 모두 의견 개진 유도
  ▷남의 의견을 존중하면서 토론이 중단되지 않게 노력
  ▷토론 중 생긴 감정적 대립이나 논쟁 해결
- 회사가 바라지 않는 fellowship
  ▷남의 뒤를 따라서 의견을 밝힐 정도로 주목을 받지 못하는 경우
  ▷전체 토론의 방향을 이해하지 못하거나 동료에게 의지하려 드는 경우
  ▷상대방 의견을 이해하려고 노력하지 않거나 이해를 못 하는 경우

실제 질문 예

●신문은 어느 면부터 읽나(국민은행)

●오늘 신문 헤드라인 기사는(공통)

●최근 해외 기사 가운데 기억에 남는 것은(공통)

●최근 시사 문제 가운데 기억에 남는 것, 그 이유는(LG전자)

●좋아하는 작가가 있나(국민은행)

●최근 읽은 책을 소개해보시오(공통)

●연간 독서량은(공통)

●주로 어떤 책을 읽나(공통)

●최근에 본 영화는, 그리고 주로 어떤 영화를 보나(공통)

●최근에 본 영화에서 기억에 남는 장면과 이유는(대한항공)

면접 당일 신문기사는 꼭 챙기자

면접에서 신문 기사에 대해 의외로 많이 물어보는 편이다. 이는 세상의 흐름에 대해 제대로 파악하고 있는지, 그리고 최근의 시사 문제에 대해 어떻게 생각하고 있는지 등을 체크하기 위함이다.

책과 영화는?

요즘 학생들, 대개 책을 멀리하는 편이다. 왜 이렇게 책을 안 읽는지 모를 지경이다. 심지어 '시골의사' 박경철 씨는 어느 강연에서 학생들에게 "이렇게 책을 읽지 않으면 목석이 된다"고 경고까지 했던 것으로 기억된다. 여기서 자신만의 경쟁력을 보여줄 수 있는 포인트 하나! 누구나 읽어야 한다고 말하는 책, 그러나 읽지 않는 학생들 속에서 책을 통한 지적 체계를 보여줄 수 있다면 좋은 점수를 얻게 된다. 그리고 최근에 본 영화 줄거리를 자신만의 이야깃거리로 만들어 재미있게 풀어 가면 커뮤니케이션 능력이 남다르다는 인상을 남길 수 있다.

11. 답변은 짧고 재미있게?

실제 질문 예
- 자기소개를 간단히 해보시오(공통)
- 1분 스피치해보시오(공통)
- 자신을 한 단어로 표현해 보시오(국민은행)
- 자신의 별명은(국민은행)
- 좌우명은(국민은행)
- 생활신조는(국민은행)
- 인생관은(국민은행)
- 최근의 관심사는(국민은행)
- 취미는 무엇인가(국민은행)
- 취미활동이 왜 필요하다고 보나(제일기획)
- 자신의 취미가 우리 은행에 어떤 도움이 될 것으로 보나(국민은행)
- 남들에게 자랑할 만한 특기는(국민은행)
- 자신의 외모에 대해 자랑해보시오(대한항공)
- 특별히 나쁜(좋은) 버릇이 있다면(LG그룹)
- 어떤 사람을 보면 가장 화가 나는가(한국전력)
- 어떤 면을 보고 친구를 사귀나(삼성건설)
- 친구는 많은가(금호그룹)
- 사랑과 우정의 차이는(국민은행)
- 돈, 명예, 일 중 중요한 것은 무엇이고 그 이유는(국민은행)

입사 후에도 계속 요구하는 자기소개
자기소개(또는 자기 PR)는 지원하는 회사마다, 또 같은 회사의 면접 단계마다
따라다니는 요구사항이다. 즉, 자기소개는 한 번으로 끝나지 않는다. 최종합격
이란 마지막 관문을 통과한 후 신입사원을 소개하는 자리에서도 자기소개를 요
구한다.

244

한 단어로 표현되는 자신만의 캐릭터는?

자기소개를 잘할 수 있으면 다른 사람들의 주목을 받을 수 있다. 그래서 뭔가 참신하고 재치있는 내용의 자기소개를 준비하는 게 좋다. 친구나 부모형제들에게 자신만의 개성과 장담점 등에 대한 평가를 받아보는 것도 좋은 방법이다. 특히 자기 자신을 몇 가지 단어로 표현하는 연습을 해두면 더욱 좋다.

가족 자랑거리는?
- 집안에 가훈이 있으면 말해보시오(삼성물산)
- 본관은 어디인가(농협)
- 가족관계에 대해 말해보시오(동부그룹)
- 부모님 가운데 누구를 닮았나? 구체적으로 표현해 보시오(대한항공)
- 아버님 직업은(금호그룹)

생활 모습은?
- 한 달 용돈은? 주로 어디에 쓰나(크라운제과)
- 현재 본인 통장에 모두 얼마가 들어있나(현대모비스)
- 외식을 좋아하나? 집에서 먹기를 좋아하나(삼성물산)
- 자신의 방 꾸밈 상태를 간단히 설명해 보시오(삼성증권)
- 지난 수요일 무엇을 하고 보냈나(삼성물산)
- 자신이 가장 아끼는 물건과 이유는?(대한항공)
- 고민거리는 어떻게 푸나(대한항공)
- 어려운 일이 생기면 누구와 상의하나(한국바이엘)
- 잘하는 요리는(대한항공)

건강관리와 스트레스 해소법은?
- 좋아하는 운동이 있다면(외환은행, 국방연구원)
- 평소 체력관리는 어떻게(대한항공)
- 자신의 건강상태는 어떻다고 평가하나(대우증권)
- 자신만의 스트레스 해소법은? 긴장은 어떻게 푸나(대한항공)

12. 구체적 경험과 사례 위주로 답하라

실제 질문 예
● 인생에서 힘들었거나 어려웠던 점은(국민은행)
● 가입해 활동한 동아리에 대해 소개해보라(국민은행)
● 팀 활동에서 갈등을 해결한 경험은(국민은행)
● 자신의 봉사활동에 대해 말해보라(국민은행)
● 봉사활동을 하면서 힘들었던 점과 해결 방법, 얻은 교훈은(국민은행)
● 학창시절 기억에 남는 것은(국민은행)
● 성취감을 느낀 일은(국민은행)
● 리더의 경험이 있는가, 리더십을 발휘한 경험은(국민은행)
● 창의력을 발휘한 경험은(국민은행)
● 살면서 기뻤던 일과 슬펐던 일은(국민은행)
● 열정을 가지고 한 일은(국민은행)
● 아르바이트를 하면서 배운 점이 있다면(국민은행)

회사는 구체적 사례와 경험을 원한다
위 실제 질문유형을 분석하면 구체적인 사례 위주의 경험담을 요구하고 있음을 발견하게 된다. 특히 주안점을 두고 체크하는 항목은 리더십을 보여준 사례와 어려움의 해결 과정이다. 리더십을 발휘해 주도적으로 목표를 이룬 구체적 사례, 학교에서 일어난 갈등의 해결 과정과 본인의 역할, 학창시절 성취감을 이룬 경험과 성취를 위한 노력, 어려움에 처했던 경험과 극복과정 및 본인의 역할, 동아리 활동을 하면서 리더십을 발휘한 경험과 그 결과, 본인의 의사결정으로 성공적인 결과를 만든 경험 등에 대해 미리 준비해두면 좋은 점수를 받게 된다. 특히 지원자들이 많은 혼란을 겪고 있는 성장 과정에 대하여 회사는 지금까지 살아오면서 겪은 구체적인 경험과 극복사례, 얻은 교훈 등에 대한 구체적 답변을 주문하고 있다. 그럼에도 지원자들은 한결같이 '언제, 어느 가문에서 몇째로 태어나……'의 이야기로 일관한다. 금물이다.

실제 질문 예

- 자신의 장점은(국민은행)
- 자신만의 강점은(국민은행)
- 성격의 장단점은(국민은행)
- 자신의 장점 3개를 꼽는다면(공통)
- 자신의 장점과 단점을 3개씩 든다면(공통)
- 남들과 특별히 구분되는 자신만의 개성은(교보생명)
- 단점을 어떻게 극복(개선)하고 있나(SK그룹)
- 자신이 생각하는 자신의 성격과 남이 생각하는 것과의 차이점은(중부발전)
- 일을 벌이는 스타일인가(동양증권)
- 일이 생기면 뒤처리하는 스타일인가(동양증권)
- 다른 지원자와 비교했을 때 자신만의 경쟁력은 무엇인가(대한항공)
- 어떤 사람을 처음 만나면 생기게 되는 어색함은 어떻게 푸는가(국민은행)

단점을 억지로 숨기면 흠집이 된다

성격과 장단점에 대한 질문을 받았을 때 요구되는 지혜는 단점을 장점이나 강점으로 전환하는 표현상의 기술이다. 그러나 단점을 억지로 숨기려 해서는 안 된다. 단점을 숨기거나 감추려다 들키는 경우 단점이 자신의 흠집이 되어 버린다. 단점은 누구에게나 있는 것이지만 흠집은 그 사람만이 가지고 있는 것이다. 따라서 흠집이 발견되는 순간 실격처리되기 십상이다.

자신의 장점이나 강점이 곧 세일링 포인트다

장점과 강점은 남들과 비교했을 때 특별히 더 잘하거나 뛰어난 그 무엇이다. 회사는 지원자의 특별한 그 무엇을 통한 발전을 기대한다. 따라서 자신의 장점과 강점이 바로 자신을 파는 세일링 포인트가 되는 것이다. 짧으면서도 강한 인상을 남기면 좋다.

14. 면접에서 시사상식도 체크한다

실제 질문 예

● PF란 무엇인가(국민은행)

● LTV란(국민은행)

● DTI란(국민은행)

● DTI 완화의 의미는(국민은행)

● 건폐율과 용적률의 차이점은(국민은행)

● 시중은행과 특수은행의 차이점은(외환은행)

● 상장회사란 무슨 뜻인가(교보생명)

● 친족의 범위에 대해 설명해보시오(교보생명)

● 풍요 속의 빈곤이란 누가 한 말인가(서울우유)

● 재무제표란(두산그룹)

● Chicken game이란(수협)

● Hidden champion이란(농협)

● COFIX란(농협)

● M&A 치킨게임과 승자의 저주 구체적 사례는(예상문제)

● NPL이란(예상문제)

● Bad bank와 Good bank의 차이점(예상문제)

● ABS란(예상문제)

● ABCP란(예상문제)

시사상식 용어도 묻는다

위 질문은 답변이 쉬운듯해 보이지만 실상은 그렇지 않다. 면접에서도 이처럼 상식을 묻는다. 지원자가 시사상식과 일반상식에 대해 어느 정도 이해를 하고 있으며, 또 시대적 흐름에 대해 어느 정도 파악하고 있는가를 평가하기 위해 상식적 지식을 면접에서 체크하고 있다. 그러나 대개 간단하게 답할 수 있는 용어 중심으로 묻는 편이다.

실제 질문 예
- 서해대교를 한강으로 옮기는 방법은(국민은행)
- 시애틀의 모든 유리창을 청소한다면, 청구할 금액은(구글)
- 쌀 한 가마니에 들어갈 쌀알의 수는(효성그룹)
- 버스에 골프공을 가득 채운다면 몇 개나 들어갈까(구글)
- 골프공의 딤플(오목하게 들어간 반원)의 수는(구글)
- 달에 집을 잘 지으려면(무역협회)
- 외계인을 친구로 둔다고 가정할 때 주의할 점은(효성중전기)
- 과거와 미래로 간다면 어디로 가고 싶은가(삼성중공업)
- 토끼와 거북이의 경주에서 토끼는 낮잠을 자다가 거북이에게 졌다. 낮잠을 잤다는 이유 외에 다른 요인을 찾아본다면(국민은행)

재치있는 답변을 요구하는 질문

이 같은 문제는 바로 지원자의 창의적 사고력을 엿보기 위함이라고 인사담당자들은 말한다. 따라서 정답이 없다. 이 같은 질문에 대한 답변 요령은 어설픈 정답을 찾으려 하지 말고 상상력을 동원해 재치있는 답변으로 면접관에게 감동을 주거나 면접관을 웃게끔 하라는 조언이다. 골프공 딤플의 수는 평균 400여 개라고 하는데, 만드는 회사마다 달라서 정해진 숫자는 없다. 답은 없으나 풍부한 상상력을 동원할 수 있다면 재치있는 답변도 가능해진다.

토끼가 경주에서 진 이유는?
- 거북이의 〈only my way〉 정신이 토끼에게는 없었다?
- 토끼는 경쟁자만 보고 달렸고, 거북이는 목표만 보고 달렸다?
- 토끼의 목표는 거북이를 이기는 것, 하지만 거북이의 목표는 산 정상?
- 거북이는 마인드 컨트롤이 있었고, 토끼에게는 이게 없었다?
- 거북이에게는 자신에 대한 믿음이 있었고, 토끼에게는 이게 없었다?

실제 질문 예
- 국민은행에 대해 아는 대로 말해보라(국민은행)
- 국민은행 서비스를 이용해본 적이 있나(국민은행)
- 고객감동이란 무엇이라고 생각하는가(국민은행)
- 최상의 고객서비스란 무엇이라고 생각하는가(국민은행)
- 우리 국민은행의 국내 지점이 몇 개인가(국민은행)
- 국민은행의 생존전략은 무엇이라고 보는가(국민은행)
- 우리 국민은행이 성장 및 발전하려면 어떻게 해야 하는가(국민은행)

기업정보는 지원동기와 연결된다

지원하는 회사의 기업정보에 대한 질문은 지원자의 지원동기와 연결된다. 자기소개서에서 지원동기와 장래포부를 미사여구로 가득 채웠으나 정작 면접에서 답변을 못하게 되면 회사에 대한 구체적인 관심도 없이 지원한 '자기소개서 작성 기술자' 또는 '면접기술자' 라는 인상만 남기게 된다. 회사는 일자리를 필요로 하는 사람을 찾는 것이 아니라 회사가 필요로 하는 사람을 찾는다.

아는 대로 말해보라?

'아는 대로 답해보라' 는 질문에서 그들이 원하는 답변은 회사에 대한 칭찬 일색이 아니라는 점이다. 회사의 이미지 등에 대한 구체적인 정보를 바탕으로 현재 회사가 안고 있는 문제점과 개선 방향, 경쟁사와 비교한 강점과 약점, 특정 상품의 시장 점유율 제고 방법, 신시장 개척에 필요한 전략, 그리고 이 같은 업무에 왜 자신의 역량이 필요하며 입사 후 어떻게 일할 것인지 등을 제시해 달라는 주문이다. 즉, '회사는 왜 당신을 선택해야 하는가' 또는 '입사 후 회사에 어떤 기여를 할 수 있는가' 를 우회적으로 묻고 있음에도 지원자들은 회사의 매출 규모나 종업원 수, 복리후생 수준 등 피상적인 정보만 줄줄이 꿰고 있다는 지적이다.

실제 질문 예

- 지원동기는(국민은행)
- 자신이 회사에 기여할 수 있는 것은(국민은행)
- 입사하면 어떤 일을 하고 싶은가(국민은행)
- 지원한 직무를 위해서 갖추어야 할 요건은(국민은행)
- 지원 분야의 업무에서 가장 중요한 것은 무엇이라고 보나(국민은행)
- 지원 분야와 전공의 연관성은 무엇이고 어떤 도움이 된다고 보나(국민은행)
- 장래포부는(국민은행)
- 중요한 약속일에 야근해야 된다면(국민은행)
- 직장(조직)생활에서 중요한 것은 무엇이라고 생각하는가(국민은행)
- 팀 또는 팀워크에서 중요한 요소는 무엇이라 생각하는가(국민은행)
- 입사해서 팀 리더의 위치에 올랐는데, 일도 열심히 하지 않고 실적도 거의 없는 팀원 한 명을 해고하라는 지시를 회사로부터 받으면 팀 리더로서 어떻게 처리할 것인가(국민은행)
- 입사한 지 3년이 지났는데도 회사는 업무 재배치나 승진도 시켜주지 않고 하던 일만 계속 시키고 있다면 어떻게 하겠는가(국민은행)

지원동기와 장래포부

지원 이유는 다양하게 나온다. 교과서적으로는 회사에 기여할 부분이 있어서 지원했다고 하지만 속으로는 복리후생이 좋아서 또는 회사의 연봉이 높아서 택한 경우도 많다. 그러나 복리후생과 연봉을 밖으로 드러내서는 안 된다. 높은 연봉은 회사를 선택하는 기준의 하나일 뿐이지 그것이 지원하는 이유가 되어서는 안 된다. 그리고 장래포부는, 자기소개서에서 언급했듯이, 미래의 CEO 자리를 말하는 것이 아니다. 지원동기에 '설계' 라는 단어를 추가하여 무슨 일을 어떻게 해서 회사를 키울 것인지, 5년이나 10년 후 회사를 위한 구체적인 '미래 설계도' 를 뜻한다.

18. 어떤 직장인이 되고 싶은가?

실제 질문 예
- 상사와 의견이 다를 때 어떻게 대처할 것인가(국민은행)
- 상사와 충돌이 생기면 어떻게 하겠는가(국민은행)
- 상사의 지시가 자기 생각과 다를 경우 어떻게 하겠는가(국민은행)
- 상사와 계속 갈등이 생긴다면 어떻게 할 것인가(국민은행)
- 어떤 유형의 상사와 근무하고 싶은가(국민은행)
- 상사가 많은 돈을 빌려달라고 한다면 어떻게 하겠는가(강원개발공사)
- 바람직한 직장인 상은(LG그룹)
- 전혀 경험도 없는 일을 맡게 된다면 어떻게 하겠는가(롯데그룹)
- 입사 후 비연고지로 배치되면 어떻게 하겠는가(가스공사)
- 결과와 과정 가운데 어느 것이 중요하다고 보는가(소니코리아)
- 회사 조직생활에서 가장 중요하다고 여기는 것은(대한항공)
- 어떤 동료를 원하는가(두산중공업)
- 실적이 저조한 동료에게 고객을 소개해줄 수 있겠나(삼성증권)
- 입사 후 회사가 어려워지면 어떻게 하겠는가(스카이라이프)
- 회사가 법을 어기려 하는 걸 알게 되면 어떻게 하겠는가(두산중공업)
- 회사가 법이나 규정에 어긋나는 일을 시키는 경우 어떻게(삼성증권)
- 상사가 비리를 저지르는 걸 알게 됐다면 어떻게 하겠는가(강원개발공사)

질문 의도와 답변 방향
직장은 수직적 상하관계와 수평적 동료 관계로 연결되는 조직이다. 많은 갈등과 회유 및 융합이 일어나기도 한다. 이런 조직 사회에서 발생할 수 있는 다양한 상황에 대한 생각을 엿보려는 질문 유형이다. 바람직한 직장인의 상을 미리 정립해 두고 다양한 질문에 합리적인 답변을 내놓아야 한다. 단순히 '옳다' 또는 '그르다' 는 답변보다는 왜 그렇게 생각하는지 구체적인 이유를 밝혀야 한다.

19. 그들의 업무상 고민거리도 묻는다

실제 질문 예

● 고객이 불합리한 요구를 한다면(국민은행)

● 고객이 이유 없이 화부터 낸다면 어떻게 대처할 것인가(국민은행)

● 고객이 일 처리를 잘해줘서 고맙다며 선물이나 돈을 주면 어떻게(국민은행)

● 친구가 대출을 부탁하면 어떻게 할 것인가(국민은행)

● 사랑하는 애인이 신용상태가 좋지 않아 자격이 안 되는데도 대출을 해 달라고 부탁하면 어떻게 할 것인가(국민은행)

● 대기번호를 무시하는 고객이 있다면 어떻게 할 것인가(국민은행)

● 어떤 할아버지가 번호표 없이 먼저 처리해달라고 하는데 앞번호 대기고객이 이에 대해 화를 내고 있다면 어떻게 대처할 것인가(국민은행)

● 말이 통하지 않는 고객이 점포에서 불만을 제기하며 난동을 부린다면 어떻게 대처할 것인가(국민은행)

● 분명히 거스름돈을 정확히 지급했으나 계산이 맞지 않다며 항의하면 어떻게 대처할 것인가(국민은행)

● 일일 정산 결과 돈이 부족하다면 어떻게 대처할 것인가(국민은행)

● 실적 저조로 회사 분위기가 침체해 있다면 어떻게 할 것인가(국민은행)

● 동료가 회사 기술을 빼돌리자고 한다면 어떻게 대처할 것인가(STX조선)

● 만약 100억이 주어진다면 어떤 포트폴리오를(공무원연금관리공단)

그들의 고민거리도 물어본다

시뮬레이션 면접이란 회사의 실제 업무에서 발생할 수 있는 가정적 상황을 지원자에게 설명해주고 그 해결방안을 묻는 형태를 말한다. 사실은 그들이 업무상 직면하고 있는 고민거리에 대한 질문이다. 지원하는 회사가 처해 있는 현실적인 문제점 등을 연구해서 친구들과 스터디를 통해 역할극 형태(play of role)로 미리 연습해볼 수 있다. 지원하는 회사가 진출해 있는 산업의 특성, 제품이나 서비스의 장단점 등 지원 기업에 대한 면밀한 분석이 필요하다.

20. 숨겨진 내면도 캐본다

실제 질문 예
- 로또에 당첨된다면 그 금액을 어떻게 사용할 것인가(국민은행)
- 큰 금액의 돈을 주웠다면 어떻게 할 것인가(국민은행)
- 결혼상대를 부모님께서 반대한다면 어떻게 설득할 것인가(국민은행)
- 우리 회사 외에 어디 지원했나, 결과는 어떻게 되었는가(국민은행)
- 두 군데 합격하면 어디를 택할 것인가(공통)

궁한 답변에는 진솔함이 가장 큰 무기다

잘 보이거나 돋보이게 하려고 둘러대지 마라. 청년다운 모습이 아니다. 위의 질문처럼 개인의 심리에 대한 질문일수록 더 진솔해야 한다. 대신 기지를 발휘해 면접관을 웃길 수 있다면 좋은 인상을 남길 수 있다. 요즘같이 취업하기 어려운 때는 누구나 여러 회사에 지원하고 있다는 것을 다 알고 있다. 그러므로 숨기려 하기보다는 있는 그대로 솔직하게 답변하는 편이 유리하다. 또 답변하기 어렵거나 자존심이 상하는 질문일지라도 흥분하지 말고 차분히 대응해야 한다. 특히 다른 회사에 떨어진 이유를 나열하지 말고 자신을 뒤돌아보며 자신의 단점을 극복하고 이를 장점으로 전환하는 노력을 많이 기울이고 있다는 면을 보여줘야 한다. 떨어진 이유를 나열하는 것은 자신의 단점을 나열하는 것과 같다.

뭐든지 다 하겠다?

회사를 차려 독립한 어떤 사람이 얼마 지나지 않아 회사를 정리하고 전에 다니던 회사를 찾아가 일자리를 넌지시 비치면서 사장에게 '시키는 일은 다 하겠다'는 뉘앙스를 풍겼다. 결론은 어떻게 되었을까? 회사는 시키는 일을 다 하겠다는 사람은 원하지 않는다. 무언가 특별한 장점과 강점으로 회사에 기여할 수 있는 사람을 찾는다. 취업이 아무리 궁해도 자신의 자존을 지키면서 굴하지 않고 계속 자신을 발전시키는 모습을 보여야 길을 찾을 수 있다.

21. 유머 하나가 인생을 바꾼다 "마지막 질문은?"

실제 질문 예

● "마지막으로 할 말이 있다면?" (공통)

> 윤리경영 전도사로 널리 알려진 신세계그룹회장 구학서 씨는 삼성그룹 공채 출신
> 이다. 최종 면접 보던 날 그는 故 이병철 회장으로부터 누구와 닮았느냐는 질문을
> 받았다고 한다. 그가 "코미디언 구봉서 씨⋯⋯"라고 답을 채 끝내기도 전에 이병철
> 회장을 비롯한 면접관들이 배꼽을 잡고 웃더라는 일화가 있다. 구봉서 씨는 잘 알
> 다시피 코미디계의 살아있는 전설이다.

면접관을 웃게끔 하라

위의 장면에서 발견할 수 있는 포인트는 무엇일까? 구학서 회장의 사례에서 찾
아볼 수 있는 특이점은 바로 면접관을 웃게 했다는 점이다. 청년 구학서는 그야
말로 운수대통인(運數 大通人)이다. 그는 이병철을 웃기는 데 전혀 수고하지 않
았다. 단지 그의 이름이 당대를 풍미하던 코미디언과 비슷하다는 이유 하나가
천하의 이병철을 웃긴 것이다. 머리를 긁적이며 답하는 청년 구학서의 모습에
서는 웃음이 나오지 않는다. 그럼에도 냉철하기로 소문난 이병철 회장이 웃고
말았다. 결국, 이병철 회장을 웃게끔 한 것은 지원자 구학서가 아니라 전혀 관
계가 없는 구봉서 씨였던 셈이다.

'운칠노삼'(運七勞三)의 절대요소는?

사주를 보는 철학자들은 운명에는 '운칠노삼(運七勞三)'이 있다고 말한다. 운
이 좋으면 30%의 노력만으로도 100%의 인생을 만들 수 있다는 얘기다. 여기서
운을 만드는 데 절대적인 요소는 바로 유머다. 위의 사례에서 확인할 수 있듯이
유머 하나가 자신의 운명을 바뀌게 한다. 그리고 상대방의 마음을 열게 하는 절
대적 요소가 바로 웃음이다. 즉, 인생 역전의 비책은 다름 아닌 웃음이다. 면접
관을 웃길 준비는?